Let's Knit in English!
文章パターンで編む
ショール
+ネックウエア

西村知子
Tomoko Nishimura

日本ヴォーグ社

Introduction

子どもの頃、祖母が家で肩にかけていたショールは、素朴で暖かかったと記憶しています。いまは色々な形やデザインがあり、オシャレアイテムとしても定着しています。

そのショール、私が最初に編んだのは英文パターンのものではなく昭和中期の日本の編み物雑誌に載っていたもの。棒針編みの本体にかぎ針の縁編みを編みつけるタイプのものでした。当時はショールってどんなものだろう？と、目新しさと好奇心から編んだのを覚えています。

やがて、英文パターンで編むようになり、海外のニッターさんの編むショールを目の当たりにして、流行りの斬新な色使いや奇抜な形状のものが目に飛び込んできて、その自由さにショールのイメージが180度変わりました。昭和レトロから近未来の世界に飛び込んだような感覚を覚えました。そのうち、斬新なものばかりではなく、伝統的な模様で編まれた繊細なものにも目が向くようになり、無限に広がるショールの世界を実感しました。今でもその感覚は変わりません。

ショールはウエアほどゲージや仕上りの大きさを気にしなくてもよいという気軽さもあれば、一枚のキャンバスに思う存分自分だけの世界を盛り込むこともできるアイテムです。

今回はそのショールが主役。あわせて、首や肩回りを温かく保てるアイテムを考えてみました。基本的な三角ショールもあれば、ジグザグしながら肩に沿う形状のもの、流行りのフードつきのものもあります。

海外のデザイナーさんのショールを編むとその大きさが気になることがあります。編むのは楽しいけれど、大きさのあまり、大変なこともあります。ここでは気軽に着用でき、糸量も1カセ程度で手軽に早く編めるものに仕上げてみました。

ベースとなっているのは、雑誌『毛糸だま』の連載「英語で編もう！」のコーナーでご紹介したことのある模様をアレンジしています。
お気に入りの一枚が見つかるとうれしいです。

ちなみに、私の初めてのショールは、今でも毎年冬になると寒さから肩を冷やさず温めてくれる安眠の供となっています。

西村 知子

Contents

Winter Morning
シェブロン模様の三角ショール … 8

RAINDROPS
ボッブルを使ったジグザグショール … 10

TOKIMEKI
藤編みのヒラヒラ付きショール … 12

Movie Star
編み出し増し目のショール（平行四辺形）… 14

Letti
ドミノ編みのバラクラバ … 16

Crayon
バスケット編みのショール … 18

Mushroom
つけ衿 … 20

So Sweet
ブリオッシュ編みのカウル … 22

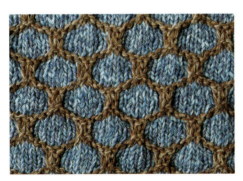

DENIM
すべり目模様のバラクラバ … 24

How to use この本の使い方 … 26
All About Shawls ショールあれこれ … 28
Finishing ショールの仕上げ … 29

Techniques

Knitted Cast On
編みながら作る作り目 … 31

Provisional Crocheted Chain Cast On
かぎ針で棒針に編みつける方法 … 32

Turkish Cast on
ターキッシュキャストオン … 33

i-cord Bind Off
アイコードバインドオフ … 34

Magic Loop
マジックループの編み方 … 34

German Short Row
ジャーマンショートロウ … 35

MB(make bobble)
レインドロップスのボッブルの編み方 … 36

pfb 裏目の1目を2目に増やす方法 … 37

Brioche Stitch
ブリオッシュ編みの手順（輪編みの場合）… 38

Yarns used in this book
この本で使用している糸 … 40

How to make 作品の作り方 … 41

Basic Technique Guide … 92

Knit & Crochet Dictionary
文章で編むための編み物用語辞典 … 94

この本に関するご質問はお電話・WEBで
書名／Let's Knit in English!
　　　文章パターンで編むショール＋ネックウエア
本のコード／NV70783
担当／難波まり
Tel.03-3383-0637（平日 13:00 〜 17:00 受付）
Webサイト「手づくりタウン」
https://www.tezukuritown.com/
※サイト内「お問い合わせ」からお入りください（終日受付）

この本の訂正、
追加情報はこちら。
「70783」と
入力してください。

本誌に掲載の作品を、複製して販売（店頭、Web、イベント、バザー、個人間取引など）することは禁止されています。個人で手づくりを楽しむためにのみご利用ください。

Winter Morning
ウィンター モーニング

雪の日の朝、目覚めて窓の外に見える屋根の様子をグラデーションのショールにしました。ひんやりした空気感を思い出しながら暖かく過ごせるように。

How to make >> **page 42**
Yarn >> ISAGER Alpaca2

RAINDROPS
レインドロップス

ボッブルが好き。でも甘くなり過ぎないようにボッブルを雨粒に見立て、透明感のある色で動きのあるデザインに。大きい雨粒が降り注ぐイメージに仕上げました。

How to make >> **page 48**
Yarn >> Chappy Yarn Merino Sock

TOKIMEKI
トキメキ

宝石を散りばめたような糸をひと目見て、幼いころのピンクのヒラヒラしたパジャマでお姫様ごっこをしたことを思い出しました。そのイメージから藤編み模様にフリルをつけて、編み上がってからも楽しめるショールに。

How to make >> **page 52**
Yarn >> Hedgehog Fibres Skinny Singles、Silk HASEGAWA SEIKA 12

Movie Star
ムービースター

このロイヤルブルーを颯爽とカッコよく着用したい…。そんなイメージでデザインしたスカーフ。シンプルな棒針編みの模様をくり返すだけなのに、かぎ針編みの編み地のように見えるのもポイントです。

How to make >> **page 61**
Yarn >> ISAGER Sock Yarn

Letti
レッティ

このブルーは旅の途中で出会ったLettiと言う名の男の子の、深みのある青い瞳を思い出す大好きな色。フードトップのドミノ編みのアクセントカラーに。肩まで編むので首元も暖かいです。

How to make >> page 66
Yarn >> DARUMA スパニッシュメリノ

Crayon
クレヨン

引き揃える色の組み合わせでクレヨンを重ね塗りしたような表情に。編み地はシンプルなガーター編み、それをバスケット編みにして変化を加えてみました。

How to make >> **page 73**
Yarn >> パピー ブリティッシュファイン

Mushroom
マッシュルーム

クリスマスツリーのような形の編み地としてご紹介していた模様。これを連続して編むと流行りのつけ衿に。何となくキノコの傘みたい？

How to make >> **page 83**
Yarn >> DARUMA
シェットランドウール

So Sweet
ソースィート

ブリオッシュ編みが初めてでも編みやすい
カウル。「ストロベリー」と「ピスタチオ」の
ような組み合わせ。気になっていた甘めの
お色で冒険してみては？

*How to make >> **page 80***
Yarn >> Keito カムバック、カラモフ

DENIM
デニム

デニムに馴染む配色で編んでみました。すべり目模様によって、色の組み合わせで好みの雰囲気を作り出せます。フリルの縁編みをシンプルにアレンジするとメンズもOK。

How to make >> **page 88**
Yarn >> Keito カムバック

How to Use この本の使い方

日本の編み図は、編み始める前から視覚的に完成した形を確認できることが良いところです。しかし往復編みで編む場合には、裏の段では頭の中で編み目記号の「逆」に編むようにしなければなりません。これに対し文章パターンは、編んでいく手順や操作などの指示が1つの動作ごとに文章で書かれており、その文章に書かれた通りに従って、そのまま編んでいくだけで良いのです。編み図で表すと複雑に見える編み方も文章パターンだとわかりやすく編めるものもあります。

本書では英文と和文とその文章パターンを日本式の編み図にしたものを併記しています。英文と和文を対比しながら編んでいくことができ、文章パターンにまだ慣れない方には編み図で編み方を確認してもらえるような作りになっています。文章パターンは英単語の頭文字をとって略しているものも多いので、巻末 (P.94～) の「Knit & Crochet Dictionary編み物用語辞典」に略語や略す前の用語を掲載しています。ぜひ編む時にお役立てください。

ここでは簡単な文章パターンの例をあげてみました。英文と和文と編み図を対比させると文章パターンの読み解き方が分かってくるかと思います。また文章パターンならではのテクニックは「Techniques」(P.30～) で詳しい解説と写真でプロセスを掲載しています。

■ 往復編みの場合

■ メリヤス編み／Stocking Stitch

英文
Row 1(RS): Knit to end
Row 2(WS): Purl to end
Repeat these two rows

和文
1段め (表面)：端まで表目で編む
2段め (裏面)：端まで裏目で編む
上記2段をくり返して編む

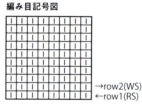

■ ガーター編み／Garter Stitch

英文
Row 1(RS): Knit to end
Row 2(WS): Knit to end
Knit all rows

和文
1段め (表面)：端まで表目で編む
2段め (裏面)：端まで表目で編む
上記のようにすべての段を表目で編む

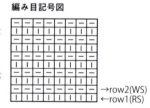

■ 輪編みの場合

■ メリヤス編み／Stocking Stitch

英文
Work in K for 10rnds

和文
10段めまで表目で編む

Work in K for 10rnds
10段めまで表目で編む

文章では10周めと英語で書かれていますが和文では10段めと表記しています

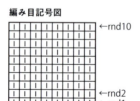

■ ガーター編み／Garter Stitch

英文
Rnd1 : Knit to end
Rnd2 : Purl to end
Repeat these two rnds

和文
1段め：表目で1周編む
2段め：裏目で1周編む
上記2段をくり返して編む

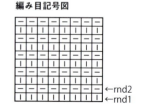

26

■ 引き返し編みを使った模様／German Short Rows

"引き返し編み"と聞くと、一瞬身構えてしまう人もいると思います。"引き返し編み"は英語で"Short Rows"と呼び、技法というより「短い段」そのものを指します。日本では"引き返し編み"と言うと肩下がりの部分やダーツなどに使われることが多いですが、海外では、模様やデザインとして使われること の方が多いと言っても過言ではありません。本書中のデザインで使用しているGerman Short Row（詳細はP.35参照）も引き返し編みの1つの方法です。

一見分かりにくく感じるかもしれませんが、手順がシンプルで、マーカーを入れながら書いてある通りに編んでいけば大丈夫です。

英文

Row 1 (RS): knit until 6 sts remain / for following repeats: knit until 6 sts remain before END m, including DS. Turn. (61 sts)
Row 2: MDS, p5, pm, purl to last st, k1.
Row 3: (k5, MB) eight times, k to m. Turn.
Row 4: rm, MDS, p5, pm, purl to last st, k1.

Rows 5, 9, 13,17: k1, (sl1 wyif, p1) to 2 sts before m, sl1wyif, k1. Turn.
Rows 6, 10, 14, 18: rm, make DS, (k1, p1) twice, k1, pm, (p1, k1) to last st, k1. (St count to m after each rep: 43 sts / 31 sts / 19 sts / 7 sts)
Rows 7, 11, 15, 19: k to m. Turn.
Rows 8, 12, 16: rm, MDS, p5, pm, purl to last st, k1. (St count to m after each rep: 37 sts /25 sts / 13 sts)

Row 20: rm, MDS, purl to last st, k1.
Row 21 (RS): CO 6 sts using the Knitted CO method. Knit to end (or to END m for second triangle onwarrds), knitting DS as single sts. Turn. (73 sts)
Row 22 (WS): MDS. Knit to end.
Row 23: Knit until 6 sts remain before end (or to END m for second triangle onwards). Turn.
Row 24: Place New END m (this stays and will mark the end of the new triangle). MDS. Knit to end. (67 sts)
Repeat RAINDROP triangles Rows 1 to 24 nineteen more times or until desired length.

和文

1段め(表面)：最後に6目残るまで表編み／2模様め以降はEND mの手前に(DSを含む)6目残るまで表編み。編み地を返す。(61目)
2段め：MDS、裏目5、pm、最後に1目残るまで裏編み、表目1。
3段め：(表目5、MB)を8回くり返し、mまで表編み。編み地を返す。
4段め：rm、MDS、裏目5、pm、最後に1目残るまで裏編み、表目1。

5、9、13、17段め：表目1、(浮き目1、裏目1)をmの手前に2目残るまでくり返し、浮き目1、表目1。編み地を返す。
6、10、14、18段め：rm、MDS、(表目1、裏目1)を2回くり返し、表目1、pm、(裏目1、表目1)を最後に1目残るまでくり返し、表目1。(各段を編み終えたあとのmまでの目数：43目／31目／19目／7目)
7、11、15、19段め：mまで表編み。編み地を返す。
8、12、16段め：rm、MDS、裏目5、pm、最後に1目残るまで裏編み、表目1。(各段を編み終えたあとのmまでの目数：37目／25目／13目)

20段め：rm、MDS、最後に1目残るまで裏編み、表目1。S

21段め(表面)：ニッティドCOの方法で左針に6目作り、そのまま最後まで(2回め以降はEND mまで)表編み。DSを1目として編む。編み地を返す。(73目)
22段め(裏面)：MDS。最後まで表編み。
23段め：最後(2回め以降はEND m)の手前に6目残るまで表編み。編み地を返す。
24段め：新たにEND mを入れ(このマーカーは移動せず、新たなトライアングルの端を示す)。MDS。最後まで表編み。(67目)

RAINDROPトライアングルの1〜24段めをあと19回、または好みの長さになるまで編む。

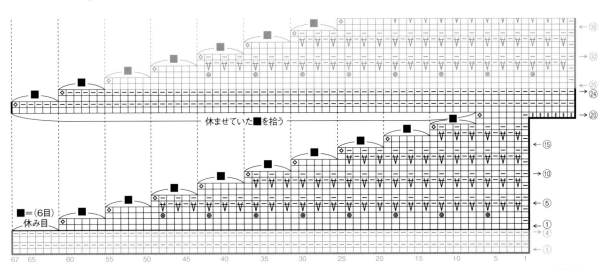

(p.10 RAINDROPSのトライアングル模様部分)

All About Shawls ショールあれこれ

英文パターンの作品でよく登場するのがショールです。「英文パターンでは何故ショールが多いの？」と聞かれることがあります。

まずはシェットランドやエストニア等が発祥の伝統的なレース編みのショールやヨーロッパ各地の生活スタイルから生まれたショールの影響が大きいのではないでしょうか。

何よりも編みやすいことが人気の最大の理由かもしれません。ウエアのようにゲージやサイズを細かく意識しなくても使えるものが編み上がる。そして、糸も比較的自由に選べて、それぞれの違った表情が楽しめます。

ベーシックなところが「三角ショール」。
「三角ショール」とひと言で言っても、後ろ衿から中心と両端で増し目をして編み広げるもの（トップダウン）、その逆で縁から後ろ衿に向かって編み縮めるものや下の先端から上へ水平に往復編みで編み広げるもの（ボトムアップ）、片方の端から横編みしながら編み広げて中心を境に編み縮めるものなど、その編み方向だけでもバリエーションが広がります。

それ以外にも直角三角形や左右非対称の三角形などもあります。

さらには三角形以外にも、半円形、円形、長方形、三日月型、星形、多角形などなど。

シンプルな直線使いのもあれば、増し目や減目、引き返し編みを駆使したユニークな形のものもあります。

そこに使う編み地や素材も組み合わせていくと、ショールの可能性は無限大！

できあがったショールはアクセサリー感覚で装いのアクセントとして使ったり、寒い時期の防寒用として着用したりできるため実用性にも優れています。

それ以外でも活躍してくれます。

それは、「気になる糸を見つけるも何を編めばよいか分からないとき」や「少し値の張る糸を編んでみたいとき」。ショールを編む程度の分量（糸にもよりますが、重さで100g以上、糸長で250m以上）を購入しておくときっとその糸に合うショールのパターンが見つかります。ショールだと編むプロセスを楽しむ「プロセスニッター」も多いはず。プロセスを楽しんだあとは気軽にプレゼントとしても使えるのも魅力的ですね。

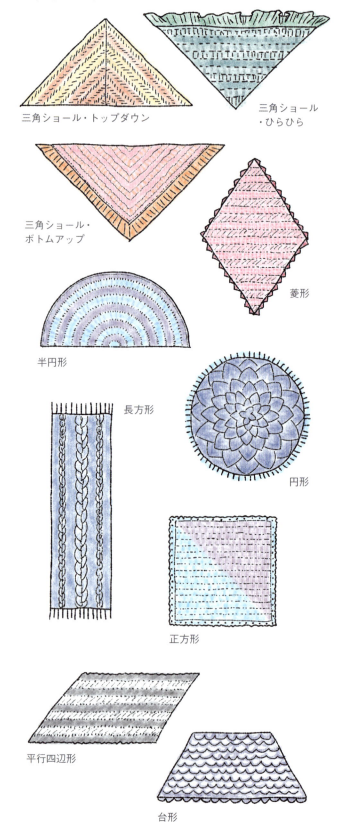

三角ショール・トップダウン

三角ショール・ひらひら

三角ショール・ボトムアップ

菱形

半円形

長方形

円形

正方形

平行四辺形

台形

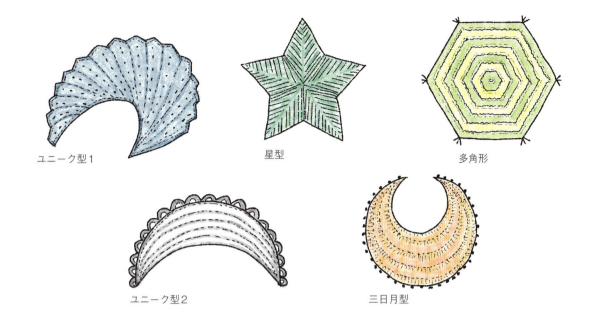

ユニーク型1　　　星型　　　多角形

ユニーク型2　　　三日月型

Finishing ショールの仕上げ

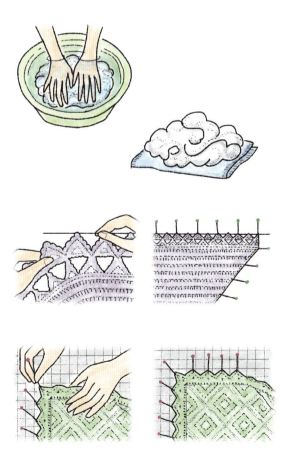

ショールをプレゼントする場合、特に気をつけたいのがブロッキングです。
それも透かし模様を多用したショールだと、編む作業と同じくらいブロッキングが大事になります。「活かすも殺すもブロッキング次第！」なんて言ってしまうと身構えてしまいますが、逆にブロッキングによってその美しさを際立たせることもできるということ。

手順としてはまず水通し。十分な水またはぬるま湯にしっかり浸し、編み目が開くと、編み目が揃い、編み地が安定します。
水分を含んだショールは丁寧に扱いましょう。これはショールに限らず、水分を多く含ませたままの編み地を持ち上げてしまうと、水分の重さで伸びてしまう可能性があります。丁寧に持ち上げ、タオルなどを使って余分な水分を取り除いてからブロッキングします。
ショールの形状にもよりますが、直線部分をまっすぐに整えるならブロッキングワイヤーを通します。曲線を描くように仕上げるならその形に整えながらピンを打ちます。なだらかな曲線ならワイヤーを通して曲線を作ってからピン打ちをする方法もあります。
縁編みのギザギザをシャープに尖らせたい場合は各先端部分にピン打ちします。この場合はピンの数も沢山用意しておく必要がありますね。
さらには木枠（ブロッキングフレーム）を使って行う方法もあります。ショールだけでも、ブロッキングの方法や細やかさは各作品や編み手ごとに異なる、また異なっても構わないと思います。絶対的な決まりはありません。自分流または好みの方法で素敵に仕上げましょう。

イラスト 小池百合穂

29

Techniques
テクニック

Cast On（キャストオン）：作り目

▶ Knitted Cast On　編みながら作る作り目

01 スリップノット（p.92）を作ります。（1目め）

02 表目を編むように目の中に針を入れ、糸をかけて引き出します。

03 引き出した目を伸ばし、左針を矢印のように入れて、

04 右針をはずして目を移します。

05 作り目が2目できました。

06 次の目も同様に作った目に表目を編むように針を入れ、糸を引き出します。

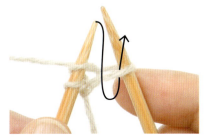

07 矢印のように左針を入れて目を移します。

08 3目できました。06、07をくり返し必要目数を作ります。

Tips

01 糸を引き出して左針を入れたあと、右針をはずさないで左針の向こう側にまわし、

02 そのまま次の目を引き出すこともできます。

▶ **Provisional Crocheted Chain Cast On**　別鎖の作り目（かぎ針で棒針に編みつける方法）

01　かぎ針にスリップノット（P.92）で1目作り、糸の手前に棒針を添えます。

02　かぎ針に糸をかけて、

03　引き抜きます。（鎖目を1目編んだことになります。）

04　編む糸を棒針の手前から向こう側にまわし、

05　かぎ針に糸をかけて引き抜きます。

06　棒針に2目できました。

07　04〜07をくり返し、必要目数を作ります。

08　棒針にかかっているのは鎖の裏山です。（棒針をはずしたところ。）

09　必要目数ができたら、糸を切って糸端を引き出します。

10　作品を編む糸で編み始めます。

11　別鎖の裏山を拾って1段めを編むのと同じです。

12　鎖はあとからほどいて、反対側から目を拾うことができます。

Tips　共鎖の作り目にも応用できます！
共鎖の場合は（必要目数−1目）を棒針に作り、最後はかぎ針の目を棒針に移します。

▶ **Turkish Cast On**　ターキッシュキャストオン

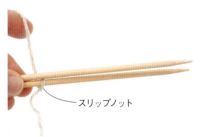

01 輪針を使用します。針2本を重ね、下側の針にスリップノット（p.92）を作ります。これは目数に含みません。

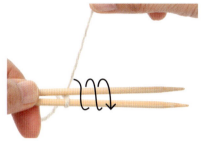

02 矢印のように2本の針に糸を巻きつけます。

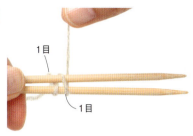

03 向こう側で上→手前で下→向こう側、上下の針に1目ずつできました。スリップノットはあとでほどきます。

04 巻く回数は必要目数の半分です。必要な目数を巻きつけます。

05 下側の針を矢印の方向に引いて、目をコードに移動します。

06 05で引き抜いた針で上側の針の目を編みます。

07 シンカーループ（目と目の間に渡った糸）がコードに通っています。

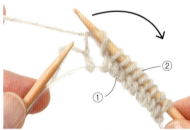

08 片側の目がすべて編めたら、編み地を180度回転させます。（時計の9時〜3時）

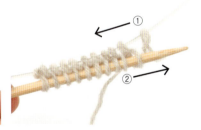

09 上下が入れ替わりました。①上側の目を針に戻し、②下側の針を矢印のように引き出します。

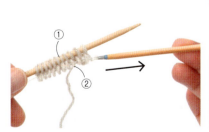

10 下側の針を引き出して、目をコードに移動します。

11 引き出した針で上側の目を表目で編みます。その際スリップノットは針からはずします。

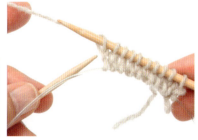

12 全目編めました。08のように針を回転させて、もう片方の針の目を編み進めます。

33

Bind Off : 伏せ止め

▶ i-cord Bind Off　アイコードバインドオフ

目の状態で針に残した編み地に、i-cordを編みつけながら伏せる方法です

01 Knitted Cast Onで3目作ります。（わかりやすいように違う色の糸を使っています。実際には最終段を編んだ糸でそのまま編み続けます。）

02 2目表目で編んだら3目めと最終段の最後の目に、ねじり目を編むように針を入れ、

03 糸をかけて引き出します。

04 左針からはずします。

05 ねじり目の2目一度が編め、1目伏せ目（Bind Off）ができました。矢印のように左針を入れ、

06 3目を左針に戻します

07 02〜06をくり返します。残りが3目になったら伏せ止めにします。

Tips

Magic Loop　マジックループの編み方

01 少ない目数の編み地でも、輪針を使って編むことができます。

02 編み地を返して①上側の目を針に戻し、②下側の針を矢印のように引きます。

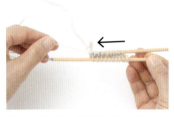

03 上側のコードを引いて、目を針に戻します。

04 下側の針を矢印の方向に引いて、編み目をコードに移動します。

05 引き抜いた針で、上側の目を編みます。

Short Rows：引き返し編み

▶ German Short Row　ジャーマンショートロウ

01 残す目の手前まで編めました。

02 裏に返し糸を手前にし、矢印のように右針を入れ、

03 目を移します。

04 編んできた糸を矢印のように向こう側に引きます。

05 下の段の目が引っ張られ、針に巻きついています。これをDS（Double Stitch）と呼びます。

06 表から見たところ。下の段の目が2本、針にかかっています。

07 次の目は裏目で編みます。

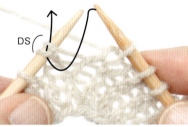

08 段差ができないよう段消しをします。DSには矢印のように2本に一緒に針を入れ、

09 糸をかけて引き出します。

10 引き出したところ。左針をはずします。

11 表目が編め、段消しができました。

Pattern Stitches ：模様の編み方

▶ MB (make bobble) 　レインドロップスのボッブルの編み方

01 前段の1目に表目を編み、左針からはずさないでねじり目を編むように針を入れます。

02 糸をかけて引き出します。

03 左針からはずさないで矢印のように針を入れ、

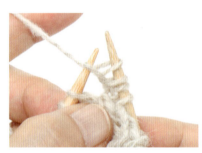

04 表目を編みます。

05 さらにねじり目、表目を編み、全部で5目編み出します。

06 表側を見て1段左から編みます。（裏に返して裏目を5目編んでもよい）左端の目の向こう側に左針を入れ、

07 矢印のように糸をかけます。

08 左針を入れた目を、かけた糸にかぶせてはずします。

09 左針に1目編めました。

10 同様にあと4目編みます。

11 表から1段、さらに1段編み戻り、4段編んだところです。

12 中上5目一度に編みます。表目を編むように右の3目に一度に針を入れ、

13 右針に移します。

14 次の2目に左側から針を入れ、左上2目一度に編みます。

15 右の3目に左針を入れ、

16 矢印のようにかぶせます。

17 左針をはずします。

18 ボッブルができました。

Tips ▶ **pfb** (purl into front and back of stitch) 　裏目の1目を2目に増やす方法

01 裏目を1目編みます。

02 左針から目をはずさず、同じ目に裏目のねじり目を編むように針を入れ、

03 裏目で編みます。

04 左針から目をはずします。

05 1目から2目裏目を編み出しました。

▶ Brioche Stitch　ブリオッシュ編みの手順（輪編みの場合）

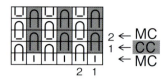

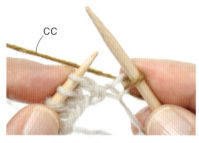

01 MC（地糸）で作り目1段編んだら輪にし、2段めを編みます。配色糸（CC）で1目表目を編みます。

02 次の目を引き上げ編みで編みます。前段の目はすべり目にします。

03 配色糸は針にかけます。（かけ目）

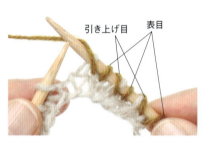

04 01〜03をくり返し最後まで編みます。

05 1段めの最後は引き上げ目です。すべり目とかけ目がはずれないように注意します。

06 最後の引き上げ目ははずれやすいですが、クリップ式のマーカーで2本をとめておくと間違う心配がありません。

07 3段めです。地糸（MC）で編みます。

08 前段で表目を編んだ目は引き上げ編み（すべり目、かけ目）で編みます。

09 前段で引き上げ編みに編んだ目は、糸を手前にしてかけ目、すべり目の2本に針を入れ、

10 糸をかけて引き出し、

11 左針からはずします。

12 裏目が編めました。この2目をくり返します。

13 3段め、6目編めたところ。

14 段の最後まで編みます。最後のマーカーでとめた2本は一緒に裏目で編みます。

15 かけ目がはずれることなく、裏目で編めました。左針とマーカーをはずします。

16 4段めです。配色糸で編みます。前段の引き上げ目は2本に針を入れ、

17 糸をかけて引き出します。

18 左針から目をはずし表目が編めました。

19 前段の裏目は引き上げ目を編みます。

20 前段の目はすべり目にし、配色糸は針にかけ、引き上げ目が編めました。

21 この2目をくり返します。

22 3段め、4段めをくり返して編み進めます。10段めまで編めたところです。

Yarns used in this book　この本で使用している糸

① Chappy Yarn
Merino Sock
スーパーウォッシュメリノウール 75%、ナイロン 25%
100g カセ　約 425 m

② Keito
カラモフ
モヘヤ 40%、ウール 35%、アルパカ 25%
100g カセ　約 220 m

③ Keito
カムバック
ウール 100%（カムバックラム 56%、
シェットランドウール 44%）100g 玉巻　約 250 m

④ DARUMA
スパニッシュメリノ
ウール（スパニッシュメリノウール）100%
50g 玉巻　約 71 m

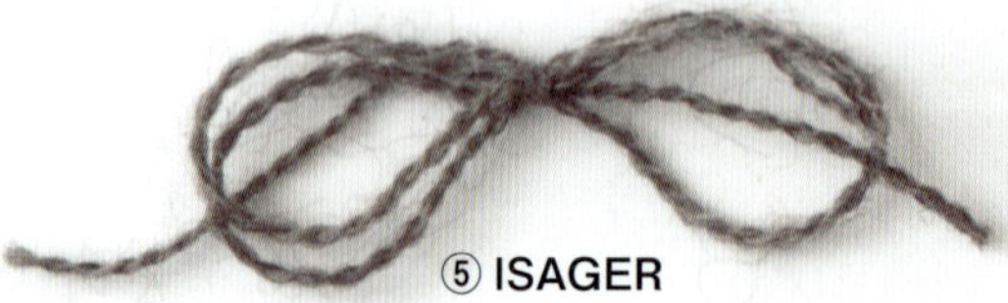

⑤ ISAGER
Alpaca 2
アルパカ 50%、ウール 50%
50g カセ　約 250 m

⑥ パピー
ブリティッシュファイン
ウール 100%
25g 玉巻　約 116 m

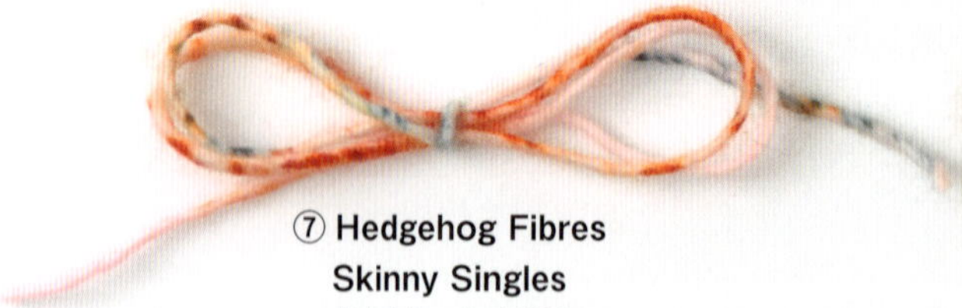

⑦ Hedgehog Fibres
Skinny Singles
メリノウール 100%
100g カセ　約 366 m

⑧ Silk HASEGAWA
セイカ 12
シルク 40%、スーパーキッドモヘヤ 60%
25g 玉巻　約 300 m

⑨ ISAGER
Sock Yarn
イージーウォッシュアルパカ 40%、
イージーウォッシュメリノウール 40%、リサイクルナイロン 20%
50g 玉巻　約 193 m

⑧ DARUMA
シェットランドウール
ウール（シェットランドウール）100%
50g 玉巻　約 136 m

糸についてのお問い合わせは P.104 をご覧ください。　実物大

How to make

作品の作り方

- この本の作品の編み方は、英文、和文の文章、編み図＋記号図で表示されています。文章での段数表記と編み図での段数表記には、作り目の段を1段と数えるかどうか、準備段があるかないか等の理由でずれがあるので注意してください。

  The instructions in this book are given in both English and Japanese written patterns, and also charted.

  Please note that the rows (or rounds) given in the written pattern may not be the same as the chart due to the following reasons:

  - CO row (rnd) being counted or not
  - Set-up row (rnd) being counted or not

- 編み図中の数字の単位はcmです。

  Measurements written are in centimeters (cm).

- 英文中の（p1, k3）等はその内容を指示に従ってくり返します。

  Stitches in parenthesis, for example (p1, k3), are to be repeated according to instructions.

- 文章中のMC（Main Color）は地糸、CC（Contrasting Color）は配色糸のことです。

  配色糸が複数色ある場合は、CC1、CC2…と数字で識別します。

  The abbreviations MC and CC in the written pattern stands for Main Color and Contrast Color.

  When using multiple contrast colors, they will be represented with numbers. Such as CC1, CC2, etc.

p.8 | *Winter Morning* ウィンターモーニング

▶ Yarn
ISAGER Alpaca 2
Col. A: brown (E4S) 45 g, Col. B: light brown (E2S) 55 g,
Col. C: white (EO) 45 g

▶ Needles
3.9 mm (JP #6) 80 cm circular needles

▶ Notions   Waste yarn or stitch holder, spare needle (for Three Needle BO) or crochet hook , Stitch markers

▶ Gauge
18 sts, 33 rows =10 cm x 10 cm in Pattern Stitch

▶ Finished measurements
Wingspan 110 cm, Length 56 cm

This shawl is worked from the bottom up in pattern stitch by switching one of the doubled colors for a gradient effect.
Be sure to note the color combinations.

▶ INSTRUCTIONS
Note the color combinations as follows:
CO to Row 40: Colors A & B
Rows 41 to 82: Colors B & C
Rows 83 to end: Two strands of Color C

With A and B held together, CO 264 sts using the Long Tail CO method.
Next row (WS): sl1 wyif, k2, pm, k129, pm (center m), k until 3 sts rem, pm, k3.

Row 1 (RS): sl1 wyif, k2, slm, *k2, (yo, k2tog) until 1 st before center m, k1, slm; rep from *, k3.
Rows 2, 30, 58, 86, 114: sl1 wyif, k to end.
Rows 3, 31, 59, 87: sl1 wyif, k2, slm, *sk2po, k5, yo, rep (k1, yo, k5 s2kpo, k5, yo) until 9 sts before center m, k1, yo, k5, k3tog, slm; rep from * , k3.
Row 4 and all even numbered rows unless specified otherwise: sl1 wyif, k2, slm, p to last m, slm, k3.
Rows 5, 33, 61, 89: sl1 wyif, k2, slm, *sk2po, k3, yo, k1, rep (k2, yo, k4, s2kpo, k4, yo, k1) until 8 sts before center m, k2, yo, k3, k3tog, slm; rep from * , k3.
Rows 7, 35, 63, 91: sl1 wyif, k2, slm, *sk2po, k1, yo, k2, rep (k3, yo, k3, s2kpo, k3, yo, k2) until 7 sts before center m, k3, yo, k1, k3tog, slm; rep from * , k3.
Rows 9, 37, 65, 93: sl1 wyif, k2, slm, *ssk, k3, rep (k4, yo, k2, s2kpo, k2, yo, k3) until 6 sts before center m, k4, k2tog, slm; rep from * , k3.
Rows 11, 39, 67, 95: sl1 wyif, k2, slm, *ssk, k2, rep (k5, yo, k1, s2kpo, k1, yo, k4) until 5 sts before center m, k3, k2tog, slm; rep from * , k3.

▶ 使用糸
イサガー　アルパカ２
A：茶色(E4S）45g、B：薄茶色(E2S）55g、C：白(EO）45g

▶ 使用針
3.9mm（JP6号）80cm輪針

▶ その他の道具   別糸またはホルダー、予備の棒針（棒針で編む引き抜き止め用）またはかぎ針、ステッチマーカー

▶ ゲージ
18目、33段＝模様編み縞で10cm×10cm

▶ 仕上がり寸法
幅：110cm、丈：56cm

このショールはボトムアップに、２本引き揃える色を替えることでグラデーションの効果を出しながら模様編みで編む。色の組み合わせに注意する。

▶ 編み方
色の組み合わせは次の通りに編む。
作り目から40段めまで：AとBの２本どり
41段めから82段めまで：BとCの２本どり
83段めから最後まで：Cの２本どり

AとBを引き揃えて、指でかける作り目で264目作る。
次段（裏面）：浮き目1、表目2、pm、表目129、pm（中心を示すm）、最後に3目残るまで表編み、pm、表目3。

1段め（表面）：浮き目1、表目2、slm、*表目2、（かけ目、左上2目一度）を中心のmの手前に1目残るまでくり返し、表目1、slm；*からの手順をくり返し、表目3。
2、30、58、86、114段め：浮き目1、最後まで表編み。
3、31、59、87段め：浮き目1、表目2、slm、*右上3目一度、表目5、かけ目、（表目1、かけ目、表目5、中上3目一度、表目5、かけ目）を中心のmの手前に9目残るまでくり返し、表目1、かけ目、表目5、左上3目一度、slm；*からの手順をくり返し、表目3。
4段めと以後の偶数段で特別な指示がない限り：浮き目1、表目2、slm、最後のmまで裏編み、slm、表目3。
5、33、61、89段め：浮き目1、表目2、slm、*右上3目一度、表目3、かけ目、表目1、（表目2、かけ目、表目4、中上3目一度、表目4、かけ目、表目1）を中心のmの手前に8目残るまでくり返し、表目2、かけ目、表目3、左上3目一度、slm；*からの手順をくり返し、表目3。
7、35、63、91段め：浮き目1、表目2、slm、*右上3目一度、表目1、かけ目、表目2、（表目3、かけ目、表目3、中上3目一度、表目3、かけ目、表目2）を中心のmの手前に7目残るまでくり返し、表目3、かけ目、表目1、左上3目一度、slm；*からの手順をくり返し、表目3。

Rows 13, 41 (switch A to C), 69, 97: sl1 wyif, k2, slm, *ssk, k1, rep (k6, yo, s2kpo, yo, k5) until 4 sts before center m, k2, k2tog, slm; rep from * , k3.

Rows 14, 42, 70, 98: Work as Row 2.

Rows 15, 29, 43, 57, 71, 85, 99, 113: Sl1 wyif, k2, slm, *ssk, (yo, k2tog) until 3 sts before center m, yo, k3tog, slm; rep from *, k3.

Rows 16, 44, 72, 100: Work as Row 2.

Rows 17, 45, 73, 101: sl1 wyif, k2, slm, *ssk, yo, k5, s2kpo, k5, yo, rep (k1, yo, k5, s2kpo, k5, yo) until 2 sts before center m, k2tog; rep from *, k3.

Rows 19, 47, 75, 103: sl1 wyif, k2, slm, *ssk, yo, k4, s2kpo, k4, yo, k1, rep (k2, yo, k4, s2kpo, k4, yo, k1) until 15 sts before center m, k2, yo, k4, s2kpo, k4, yo, k2tog, slm; rep from * , k3.

Rows 21, 49, 77, 105: sl1 wyif, k2, slm, *ssk, yo, k3, s2kpo, k3, yo, k2, rep (k3, yo, k3, s2kpo, k3, yo, k2) until 14 sts before center m, k3, yo, k3, s2kpo, k3, yo, k2tog, slm; rep from * , k3.

Rows 23, 51, 79, 107: sl1 wyif, k2, slm, *ssk, yo, k2, s2kpo, k2, yo, k3, rep (k4, yo, k2, s2kpo, k2, yo, k3) until 13 sts before center m, k4, yo, k2, s2kpo, k2, yo, k2tog, slm; rep from * , k3.

Rows 25, 53, 81, 109: sl1 wyif, k2, slm, *ssk, yo, k1, s2kpo, k1, yo, k4, rep (k5, yo, k1, s2kpo, k1, yo, k4) until 12 sts before center m, k5, yo, k1, s2kpo, k1, yo, k2tog, slm; rep from * , k3.

Rows 27, 55, 83 (switch B to C), 111: sl1 wyif, k2, slm, *ssk, yo, s2kpo, yo, k5, rep (k6, yo, s2kpo, yo, k5) until 11 sts before center m, k6, yo, s2kpo, yo, k2tog, slm; rep from * , k3.

Rows 28, 56, 84, 112: Work as Row 2.

17 sts rem between markers.

Total 40 sts including 3 sts for both edges.

Cont as follows:

Next row (RS): sl1 wyif, k2, *ssk, k to 2 sts before m, k2tog, slm; rep from * , k3.

Next row (WS): sl1 wyif, k2, slm, p to last m, slm, k3.

Rep above two rows until total 8 sts rem.

With working yarn still attached, divide at the middle so that there are 4 sts each on each needle.

Fold work in half with the RS facing each other and hold both needles in parallel with you left hand.

With working yarn, join sts on each needle together using Three Needle BO with spare needle or Slip Stitch BO using crochet hook.

Weave in all remaining sts. Block as desired.

9、37、65、93段め:浮き目1、表目2、slm、*右上2目一度、表目3、（表目4、かけ目、表目2、中上3目一度、表目2、かけ目、表目3）を中心のmの手前に6目残るまでくり返し、表目4、左上2目一度、slm；*からの手順をくり返し、表目3。

11、39、67、95段め:浮き目1、表目2、slm、*右上2目一度、表目2、（表目5、かけ目、表目1、中上3目一度、表目1、かけ目、表目4）を中心のmの手前に5目残るまでくり返し、表目3、左上2目一度、slm；*からの手順をくり返し、表目3。

13、41（AをCに持ち替える）、69、97段め:浮き目1、表目2、slm、*右上2目一度、表目1、（表目6、かけ目、中上3目一度、かけ目、表目5）を中心のmの手前に4目残るまでくり返し、表目2、左上2目一度、slm；*からの手順をくり返し、表目3。

14、42、70、98段め：2段めと同様に編む。

15、29、43、57、71、85、99、113段め:浮き目1、表目2、slm、*右上2目一度、（かけ目、左上2目一度）を中心のmの手前に3目残るまでくり返し、かけ目、左上3目一度、slm；*からの手順をくり返し、表目3。

16、44、72、100段め：2段めと同様に編む。

17、45、73、101段め:浮き目1、表目2、slm、*右上2目一度、かけ目、表目5、中上3目一度、表目5、かけ目、（表目1、かけ目、表目5、中上3目一度、表目5、かけ目）を中心のmの手前に2目残るまでくり返し、左上2目一度；*からの手順をくり返し、表目3。

19、47、75、103段め:浮き目1、表目2、slm、*右上2目一度、かけ目、表目4、中上3目一度、表目4、かけ目、表目1、（表目2、かけ目、表目4、中上3目一度、表目4、かけ目、表目1）を中心のmの手前に15目残るまでくり返し、表目2、かけ目、表目4、中上3目一度、表目4、かけ目、左上2目一度、slm；*からの手順をくり返し、表目3。

21、49、77、105段め:浮き目1、表目2、slm、*右上2目一度、かけ目、表目3、中上3目一度、表目3、かけ目、表目2、（表目3、かけ目、表目3、中上3目一度、表目3、かけ目、表目2）を中心のmの手前に14目残るまでくり返し、表目3、かけ目、表目3、中上3目一度、表目3、かけ目、左上2目一度、slm；*からの手順をくり返し、表目3。

23、51、79、107段め:浮き目1、表目2、slm、*右上2目一度、かけ目、表目2、中上3目一度、表目2、かけ目、表目3、（表目4、かけ目、表目2、中上3目一度、表目2、かけ目、表目3）を中心のmの手前に13目残るまでくり返し、表目4、かけ目、表目2、中上3目一度、表目2、かけ目、左上2目一度、slm；*からの手順をくり返し、表目3。

25、53、81、109段め:浮き目1、表目2、slm、*右上2目一度、かけ目、表目1、中上3目一度、表目1、かけ目、表目4、（表目5、かけ目、表目1、中上3目一度、表目1、かけ目、表目4）を中心のmの手前に12目残るまでくり返し、表目5、かけ目、表目1、中上3目一度、表目1、かけ目、左上2目一度、slm；*からの手順をくり返し、表目3。

模様編み

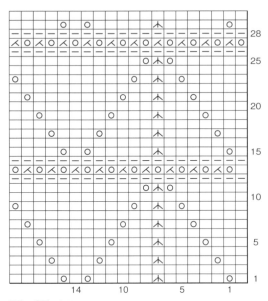

□ = ｜ 表目

27、55、83（BをCに持ち替える）、111段め：浮き目1、表目2、slm、*右上2目一度、かけ目、中上3目一度、かけ目、表目5、（表目6、かけ目、中上3目一度、かけ目、表目5）を中心のmの手前に11目残るまでくり返し、表目6、かけ目、中上3目一度、かけ目、左上2目一度、slm；*からの手順をくり返し、表目3。

28、56、84、112段め：2段めと同様に編む。

マーカーの間の目数は各17目、両端の各3目を含め合計40目になる。

続けて次のように編む：

次段(表面)：浮き目1、表目2、*右上2目一度、mの手前に2目残るまで表編み、左上2目一度、slm；*からの手順をくり返し、表目3。

次段(裏面)：浮き目1、表目2、slm、最後のmまで裏編み、slm、表目3。

上記の2段の手順をくり返し、残り8目になるまで編む。

編み糸を切らずに、中心で編み目を分け、各針4目ずつになるようにする。

編み地が中表になるよう縦半分に折り、針同士が平行になるように左手に持つ。

編み糸で両方の針の目をかぎ針で引き抜きはぎにする。

糸始末をする。好みの方法でブロッキングする。

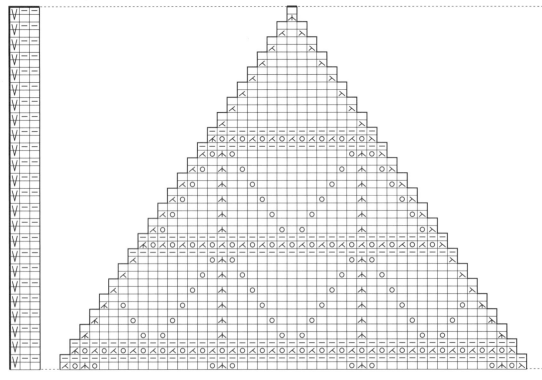

□ = ｜ 表目 　 ⁄ = 左上2目一度 　 ⁄ = 右上3目一度 　 V = すべり目（裏から編むときは浮き目 V を編む）
− = 裏目 　 ＼ = 右上2目一度 　 ＼ = 左上3目一度
○ = かけ目 　 ⋏ = 中上3目一度

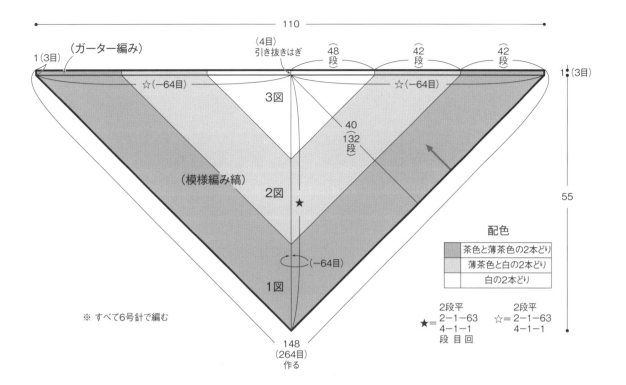

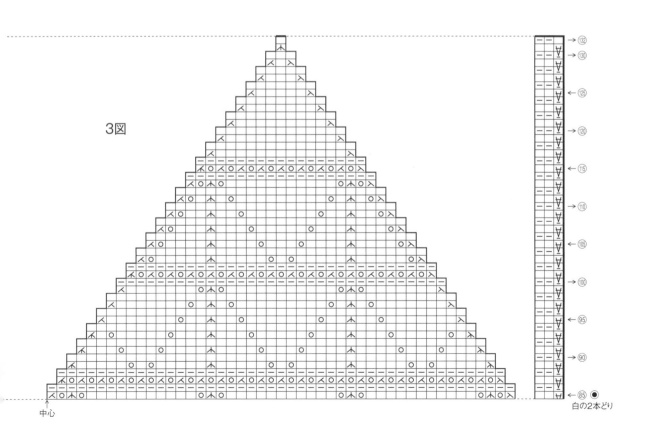

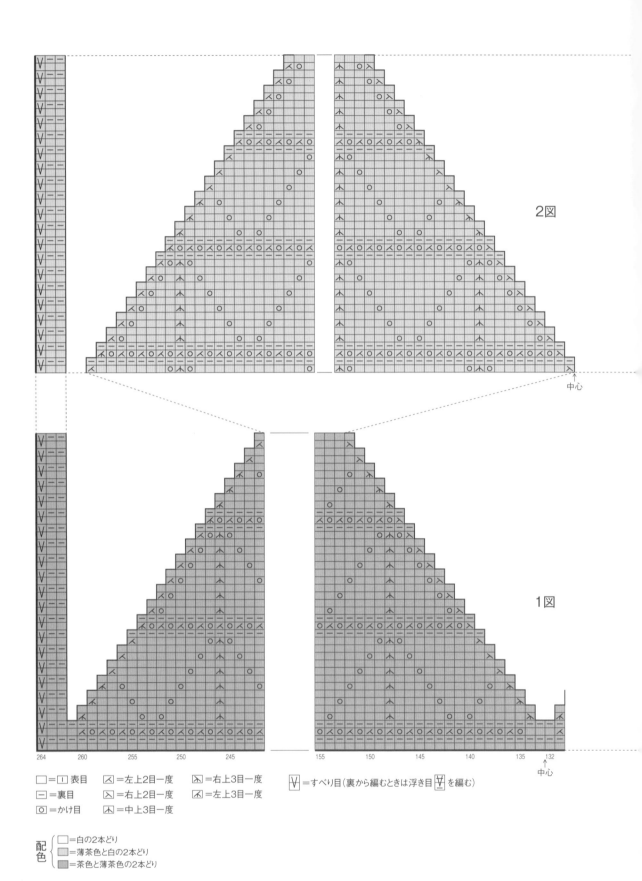

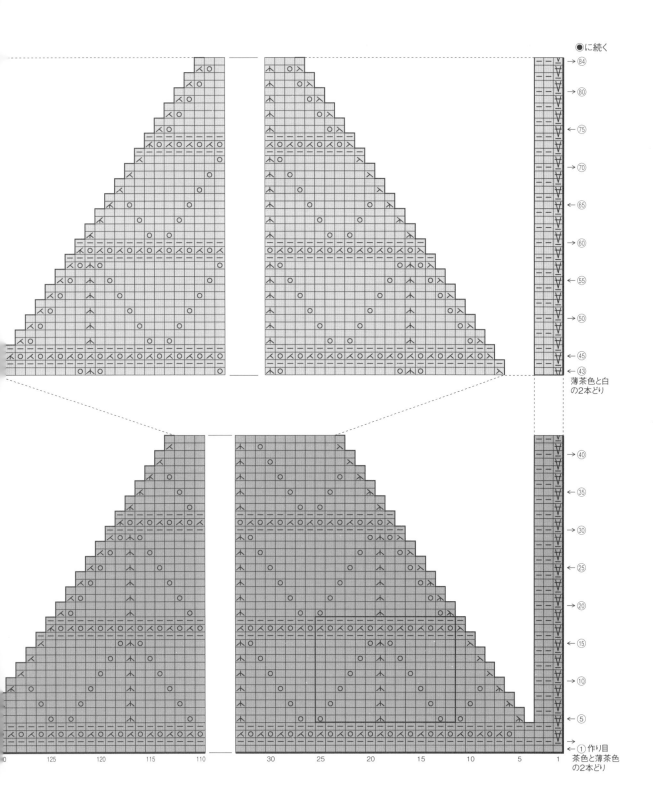

p.10 RAINDROPS レインドロップス

▶ Yarn
Chappy Yarn Merino Sock Col. RAINDROPS 100 g (1 skein)
▶ Needles
3.3 mm (JP #4) 80 cm circular needle
▶ Notions   Stitch markers (20 or more)
▶ Gauge
1 RAINDROP triangle = 67 sts, 24 rows = 25 cm x 5 cm
(measured along the outer edge)
▶ Finished measurements
See schematic

This shawl is worked by repeating RAINDROP triangles, which are made using the German Short Row technique.

▶ Special Abbreviations
MB (make bobble): kfb (knit into front and back of st) twice, then k into front of the same st once more. (5 sts). Turn. p5, turn. k5, turn. p5. From the RS, slip 3 sts together knitwise, ssk the last 2 sts, and then pass the 3 slipped sts over the knit st (centered 4 sts dec).

▶ INSTRUCTIONS
Note: when working the first triangle, the marker used will be the travelling marker only. At the beginning of the second triangle, an "end" marker (END m) will be placed to indicate the end of the triangle being worked, and this marker will stay.

CO 67 sts using the Long Tail CO method.
Set-up rows: Knit three rows (garter stitch) ending after working WS row.

Work RAINDROP triangles as follows:
Row 1 (RS): Knit until 6 sts rem / for following repeats: knit until 6 sts remain before END m, including DS. Turn.
(61 sts)
Row 2: Make DS, p5, pm, purl to last st, k1.
Row 3: (k5, MB) eight times, k to m. Turn.
Row 4: rm, make DS, p5, pm, purl to last st, k1.
Rows 5, 9, 13,17: k1, (sl1 wyif, p1) to 2 sts before m, sl1 wyif, k1. Turn.
Rows 6, 10, 14, 18: rm, make DS, (k1, p1) twice, k1, pm, (p1, k1) to last st, k1.
(St count to m after each rep: 43 sts / 31 sts / 19 sts / 7 sts)
Rows 7, 11, 15, 19: k to m. Turn.
Rows 8, 12, 16: rm, make DS, p5, pm, purl to last st, k1.
(St count to m after each rep: 37 sts / 25 sts / 13 sts)
Row 20: rm, make DS, purl to last st, k1.

▶ 使用糸
チャッピーヤーン　メリノソック　水色（RAINDROPS）100g
（1カセ）
▶ 使用針
3.3mm（JP4号）80cm輪針
▶ その他の道具　ステッチマーカー（約20個）
▶ ゲージ
67目、24段＝トライアングル1模様で25cm×外回り5cm
▶ 仕上がり寸法
図参照

このショールは RAINDROP トライアングル模様をジャーマンショートロウの技法で引き返し編みをしながらくり返し編む。

▶ 特別な略語
・MB（make bobble＝ボッブルを編む）：
kfb（1目に表目と表目のねじり目を編む＝2目の編み出し増し目）を2回くり返し、同じ目に表目をもう一度編む。（5目になる）。編み地を返し、裏目5。編み地を返し、表目5。編み地を返し、裏目5。表面から最初の3目に表目を編むように右針を一度に入れて右針に移し、残りの2目を右上2目一度に編み、右針に移した3目を編んだ目にかぶせる。（中上5目一度）。

▶ 編み方
注記：最初のトライアングルを編むときに使用するマーカーは移動させながら編むマーカーのみで、2つめのトライアングルの編み始めには新たなトライアングルの「端」を示すマーカー（END m）を入れ、このマーカーは編み終わりまで入れておく。

指でかける作り目の方法で67目作る。
準備段：表編みを3段編む（ガーター編みになる）。最後は裏面の段で編み終える。

RAINDROP トライアングル模様を次のように編む。
1段め（表面）：最後に6目残るまで表編み／2模様め以降はEND mの手前に（DSを含む）6目残るまで表編み。編み地を返す。（61目）
2段め：Make DS、裏目5、pm、最後に1目残るまで裏編み、表目1。
3段め：（表目5、MB）を8回くり返し、mまで表編み。編み地を返す。
4段め：rm、make DS、裏目5、pm、最後に1目残るまで裏編み、表目1。
5、9、13、17段め：表目1、（浮き目1、裏目1）をmの手前に2目残るまでくり返し、浮き目1、表目1。編み地を返す。
6、10、14、18段め：rm、make DS、（表目1、裏目1）を2回くり返し、表目1、pm、（裏目1、表目1）を最後に1目残るまでくり返し、表目1。
（各段を編み終えたあとのmまでの目数：43目／31目／19

Row 21 (RS): CO 6 sts using the Knitted CO method. Knit to end (or to END m for second triangle onwards), knitting DS as single sts. Turn. (73 sts)
Row 22 (WS): Make DS. Knit to end.
Row 23: Knit until 6 sts rem before end (or to END m for second triangle onwards). Turn.
Row 24: Place New END m (this stays and will mark the end of the new triangle). Make DS. Knit to end. (67 sts)

Repeat RAINDROP triangles Rows 1 to 24 nineteen more times or until desired length.
Please note that you will need an additional skein of yarn for additional length !

Last RAINDROP triangle:
Repeat Rows 1 to 20.
Next row (RS): Knit to end, knitting DS as single sts and removing END m along the way.
Knit two more rows and BO knitwise from WS.
Weave in ends and block as desired.

目／7目）
7、11、15、19段め：mまで表編み。編み地を返す。
8、12、16段め：rm、make DS、裏目5、pm、最後に1目残るまで裏編み、表目1。
（各段を編み終えたあとのmまでの目数：37目／25目／13目
20段め：rm、make DS、最後に1目残るまで裏編み、表目1。
21段め(表面)：ニッティッドキャストオンの方法で左針に6目作り、そのまま最後まで(2回め以降はEND mまで)表編み。DSを1目として編む(段消し)。編み地を返す。(73目)
22段め(裏面)：Make DS。最後まで表編み。
23段め：最後(2回め以降はEND m)の手前に6目残るまで表編み。編み地を返す。
24段め：新たにEND mを入れ(このマーカーは移動させず、新たなトライアングルの端を示す)。Make DS。最後まで表編み。(67目)

RAINDROPトライアングルの1～24段めをあと19回、または好みの長さになるまで編む。
長く編む場合はその分糸も多く必要になる。

最後のRAINDROPトライアングル：
1段めから20段めまで編む。
次段(表面)：DSを1目として編みながら(段消しをしながら)、そして途中のEND mを取り除きながら最後まで表編み。
あと2段表編みし、裏面から表編みをしながら伏せ止めにする。
糸始末をして、好みの方法でブロッキングする。

浮き目
(1段の場合)

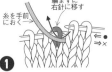
❶ ●の段で糸を手前側に置き、矢印のように針を入れて、編まずに移す。

❷ 移した目が浮き目になる。続けて、次の目を編む。浮き目の部分は渡り糸が手前側にある。

表目の増し目
(右側)

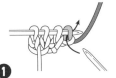
❶ 端の目に矢印のように針を入れ、糸をかけて引き出す。

❷ 左針の目は針からはずさず、さらに矢印のようにねじり目を編むように針を入れる。

❸ 糸をかけて引き出す。

❹ 端の1目に2目表目を編み入れた。

表目の増し目
(左側)

❶ 端の目に矢印のように針を入れ、糸をかけて引き出す。

❷ 左針の目は針からはずさず、さらに矢印のようにねじり目を編むように針を入れる。

❸ 糸をかけて引き出す。

❹ 端の1目に2目表目を編み入れた。

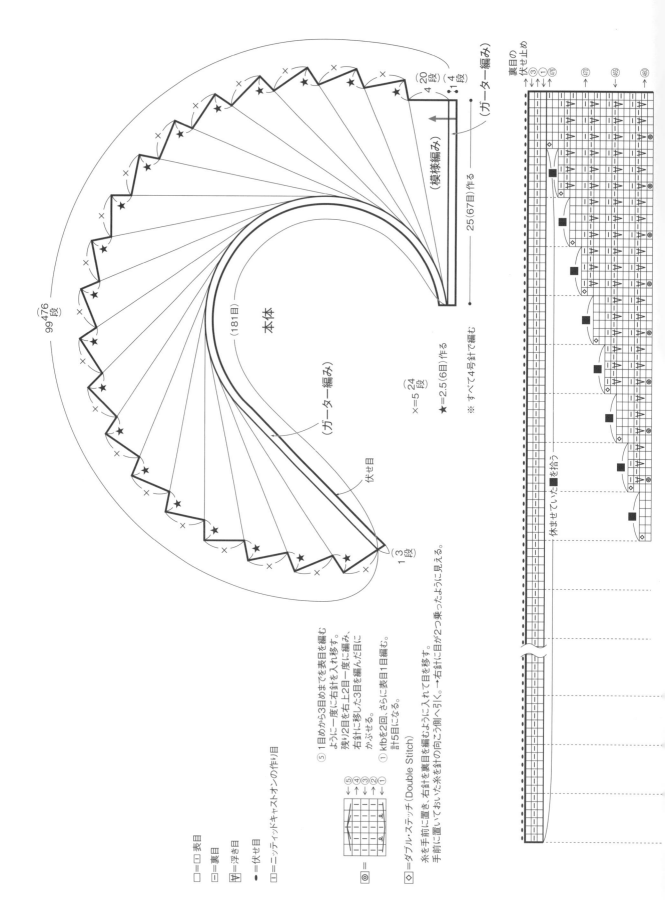

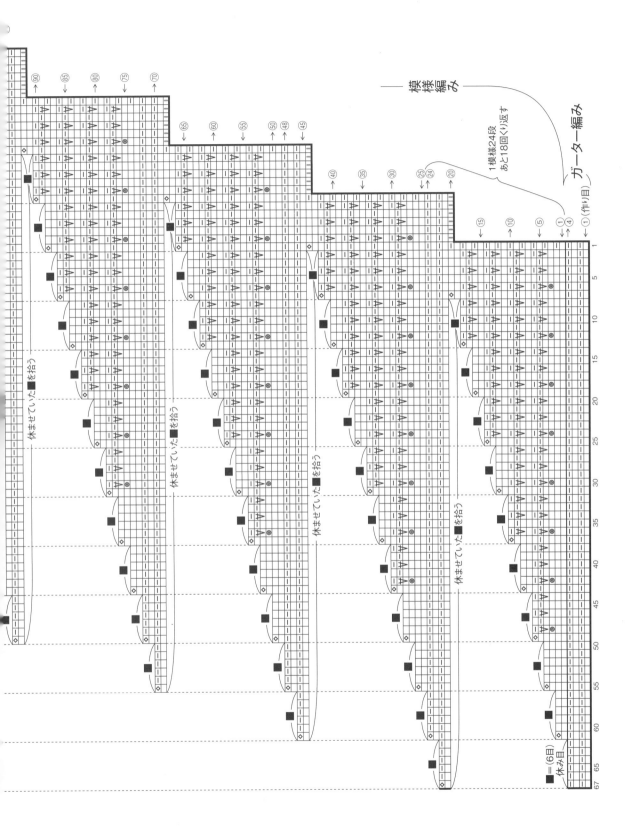

p.12   ## TOKIMEKI トキメキ

▶ Yarn
A: Hedgehog Fibres Skinny Singles Col. Taffy 145 g
B: Silk HASEGAWA SEIKA12 Col. Caramel (5) 15 g

▶ Needles
3.3 mm (JP #4) 80 cm circular needles

▶ Notions   stitch marker

▶ Gauge
22.5 sts, 37 rows = 10 cm x 10 cm in Stockinette Stitch

▶ Finished measurements
Length 148 cm (max), Width 26 cm

This shawl begins as a triangular shawl with Feather & Fan pattern stitches which is then worked into a trapezoid.
Frills are worked afterwards in silk mohair by picking up stitches from the shawl.

▶ Pattern

Feather & Fan Pattern Stitch (Multiple of 18 sts)
Row 1 (RS): Rep [k2tog three times, (yo, k1) six times, k2tog three times].
Row 2 (WS): purl.
Rows 3 & 4: knit.

▶ INSTRUCTIONS
With yarn A, CO 6 sts using the Turkish CO method. With the first 3 sts on the first needle, work I-cord for 8 rows, leaving the remaining 3 sts on hold on the cable.
After working the last row, rotate work 90 degrees to the right to pick up and knit 5 sts along the I-cord, then rotate again and k3 from the remaining CO sts. (Total 11 sts)

Begin working back and forth as follows:
Set-up row (WS): sl3 wyif, pm, p2, pm, p1 (center st), pm, p2, pm, sl3 wyif.
Work Stockinette Stitch Increase Section as follows:

Stockinette Stitch Increase Section
Row 1 inc row (RS): k3, *slm, yo, k to m, yob, slm; k1, rep from *, k3. (4 sts inc'd)
Row 2 (WS): sl3 wyif, *slm, p1 (into front loop of yob from prev row), p to 1 st before m, p1 tbl, slm; p1, rep from * , sl3 wyif.
Rep Rows 1 and 2 six more times (total seven times) and Row 1 once more.
Next row (WS): sl3 wyif, *slm, k1 (into front loop of yob from prev row), k to 1 st before m, k1 tbl, slm; p1, rep from * , sl3 wyif. (32 sts inc'd, total 43 sts)
Next, work Feather & Fan Pattern Stitch Increase Section, increasing 4 sts on every RS row as follows:

▶ 使用糸
MC: ヘッジホックファイバー　スキニーシングル　ピンク系（Taffy）145g
CC: シルク ハセガワ　セイカ12　キャラメル（5）15g

▶ 使用針
3.3mm（JP4号）80cm輪針

▶ その他の道具　ステッチマーカー

▶ ゲージ
22.5目、37段＝メリヤス編みで10cm×10cm

▶ 仕上がり寸法
長さ：148 cm（最長）、幅：26 cm

このショールは「フェザー＆ファン（藤編み）」の模様編みを取り入れた三角ショールとして編み始め、途中から左右を分けて台形になるよう編み進める。仕上げにシルクモヘアの糸で本体から拾い目をしてフリルを編み足す。

▶ 模様編み
・模様編み：Feather & Fan（＝藤編み）／18目の倍数目：
1段め（表面）：左上2目一度を3回、（かけ目、表目1）を6回、左上2目一度を3回。
2段め（裏面）：裏編み。
3・4段め：表編み。

▶ 編み方
Aの糸でターキッシュキャストオンの方法で6目作る。
1本めの針の最初の3目でアイコードを7段編む。残りの3目は輪針のコードに休ませておく。
アイコードの8段めを編んだら、編み地を右方向に90度回転させ、アイコードに沿って縦に5目拾い、再び編み地を回転させ、作り目から休ませていた3目を表目に編む。（合計11目）

次のように往復に編む：
準備段（裏面）：浮き目3、pm、裏目2、pm、裏目1（中心の目）、pm、裏目2、pm、浮き目3。
次の「メリヤス編み（増し目セクション）」を編む：

メリヤス編み（増し目セクション）
1段め（表面）増し目段：表目3、* slm、かけ目、mまで表編み、逆かけ目、slm；表目1、*～；までをくり返し、表目3。（4目増）
2段め（裏面）：浮き目3、*slm、裏目1（前段の逆かけ目の手前のループに針を入れて編む）、mの1目手前まで裏編み、裏目のねじり目1、slm；裏目1、*～；までをくり返し、浮き目3。
1、2段めをあと6回（合計7回）編み、1段めをもう一度編む。
次段（裏面）：浮き目3、*slm、表目1（前段の逆かけ目の手前のループに針を入れて編む）、mの1目手前まで表編み、表目のねじり目1、slm；裏目1、*～；までをくり返し、浮き目3。（32目増、合計43目）

Feather & Fan Pattern Stitch Increase Section

Row 1 (RS): k3, *slm, yo, work Row 1 of Pattern Stitch to m, yob, slm; k1, rep from *, k3.

Row 2 (WS): sl3 wyif, *slm, p1 (or p1 into front loop if yob on prev row), p to 1 st before m, p1 (tbl if yo on the prev row), slm; p1, rep from * , sl3 wyif.

Row 3 (RS): k3, *slm, yo, k to m, yob, slm; k1, rep from *, yo, k3.

Row 4: sl3 wyif, *slm, k1 (into front loop of yob from prev row), k to 1 st before m, k1 tbl, slm; p1, rep from * , sl3 wyif.

Row 5: k3, *slm, yo, k2, work Row 1 of Pattern Stitch until 2 sts rem before to m, k2, yob, slm; k1, rep from *, k3.

Rows 6 to 8: Work as Rows 2 to 4.

Row 9 (RS): k3, *slm, (yo, k1) twice, k2tog, work Row 1 of Pattern Stitch until 4 sts rem before to m, k2tog, k1, yo, k1, yob, slm; k1, rep from *, k3.

Rows 10 to 12: Work as Rows 2 to 4.

Row 13 (RS): k3, *slm, k2, (yo, k1) twice, k2tog, work Row 1 of Pattern Stitch until 6 sts rem before to m, k2tog, k1, (yo, k1) twice, k1, slm; k1, rep from *, k3.

Rows 14 to 16: Work as Rows 2 to 4.

Row 17 (RS): k3, *slm, k1, (yo, k1) three times, k2tog twice, Row 1 of Pattern Stitch until 8 sts rem before m, k2tog twice, k1, (yo, k1) three times, slm; k1, rep from *, k3.

Rows 18 to 20: Work as Rows 2 to 4. (83 sts)

Rep Stockinette Stitch Increase Section and Feather & Fan Pattern Stitch Increase Section Rows 1 to 18 once more. (Total 151 sts)

Next Row (RS): k3, *slm, k to m, slm; k1, rep from * and end with k3.

Next Row (WS): sl3 wyif, *slm, k to m, slm; p1, rep from * and end with sl3 wyif.

After working the last WS row, begin working the RIGHT WING as follows. Leave remaining sts on hold for LEFT WING.

RIGHT WING (RW)

Begin RW Stockinette Stitch Section as follows:

Set-up Row 1 (RS): k3, slm, yo, knit until 2 sts before m, ssk, slm, k1 (center st), CO 2 sts using the Back Loop CO method. (72 sts + 3 selvedge sts on each side, total 78 sts)

NOTE: Mark the two newly CO sts for easier pick up of these sts when working LEFT WING.

Set-up Row 2 (WS): sl3 wyif, slm, purl to m, slm, sl3 wyif.

次に模様編み（増し目セクション）を編む。ここでは表面で4目ずつ増える。

模様編み（増し目セクション）

1段め（表面）：表目3、*slm、かけ目、模様編みの1段めをmまで編み、逆かけ目、slm；表目1、*～；までをくり返し、表目3。

2段め（裏面）：浮き目3、*slm、裏目1（前段の逆かけ目の場合は手前のループに針を入れて編む）、mの1目手前まで裏編み、裏目1（前段がかけ目の場合は裏目をねじり目にして編む）、slm；裏目1、*～；までをくり返し、浮き目3。

3段め（表面）：表目3、*slm、かけ目、mまで表編み、逆かけ目、slm；表目1、*～；までをくり返し、かけ目、表目3。

4段め：浮き目3、*slm、表目1（前段の逆かけ目の場合は手前のループに針を入れて編む）、mの1目手前まで表編み、表目のねじり目1、slm；裏目1、*～；までをくり返し、浮き目3。

5段め：表目3、*slm、かけ目、表目2、模様編みの1段めをmの2目手前まで編み、表目2、逆かけ目、slm；表目1、*～；までをくり返し、表目3。

6～8段め：2～4段めと同様に編む。

9段め（表面）：表目3、*slm、（かけ目、表目1）を2回、左上2目一度、模様編みの1段めをmの4目手前まで編み、左上2目一度、表目1、かけ目、表目1、逆かけ目、slm；表目1、*～；までをくり返し、表目3。

10～12段め：2～4段めと同様に編む。

13段め（表面）：表目3、*slm、表目2、（かけ目、表目1）を2回、左上2目一度、模様編みの1段めをmの6目手前まで編み、左上2目一度、表目1、（かけ目、表目1）を2回、表目1、slm；表目1、*～；までをくり返し、表目3。

14～16段め：2～4段めと同様に編む。

17段め（表面）：表目3、*slm、表目1、（かけ目、表目1）を3回、左上2目一度を2回、模様編みの1段めをmの8目手前まで編み、左上2目一度を2回、表目1、（かけ目、表目1）を3回、slm；表目1、*～；までをくり返し、表目3。

18～20段め：2～4段めと同様に編む。（83目）

「メリヤス編み（増し目セクション）」と「模様編み（増し目セクション）1～18段め」をもう一度編む。

合計151目になる。

次段（表面）：表目3、*slm、mまで表目、slm；表目1、*～；までをくり返し、表目3。

次段（裏面）：浮き目3、*slm、mまで表目、slm；裏目1、*～；までをくり返し、浮き目3。

続けて台形部分の右側（以下、ライトウィング）を編みます。左側（以下、レフトウィング）の目は休み目にします。

ライトウィング（RW）を編む

ライトウィングのメリヤス編み部分を次のように編む。

53

RW Stockinette Stitch Section

Row 1 (RS): k3, slm, yo, knit until 2 sts before m, ssk, slm, k3.

Row 2 (WS): sl3 wyif, slm, purl to m, slm, sl3 wyif.

Repeat Rows 1 and 2 seven more times (eight more times for following repeats).

Next row (RS): Knit to end.

Next row (WS): sl3 wyif, slm, knit to m, slm, sl3 wyif.

Total 20 rows worked for RW Stockinette Stitch Section.

Then work RW Pattern Stitch Section as follows:

RW Pattern Stitch Section

Row 1 (RS): k3, slm, yo, pm, work Pattern Stitch Row 1 three times, pm, k2tog three times, (yo, k1) five times, k1, k2tog twice, ssk, slm, k3.

Row 2 (WS): sl3 wyif, slm, purl to last m, slm, sl3 wyif.

Row 3: k3, slm, yo, k to 2 sts before last m, ssk, slm, k3.

Row 4: sl3 wyif, slm, knit to last m, slm, sl3 wyif.

Row 5 (RS): k3, slm, yo, k2, slm, work Pattern Stitch Row 1 three times to m, slm, (16 sts rem between next m), k2tog three times, rep (yo, k1) four times, k2, k2tog, ssk, slm, k3.

Rows 6 to 8: Work as Rows 2 to 4.

Row 9: k3, slm, (yo, k1) twice, k2tog, slm, work Pattern Stitch Row 1 three times to m, slm, (14 sts rem between next m), k2tog three times, rep (yo, k1) four times, k2tog, ssk, slm, k3.

Rows 10 to 12: Work as Rows 2 to 4.

Row 13: k3, slm, k2, (yo, k1) twice, k2tog, slm, work Pattern Stitch Row 1 three times to m, slm, (12 sts rem between next m), k2tog three times, rep (yo, k1) three times, k1, ssk, slm, k3.

Rows 14 to 16: Work as Rows 2 to 4.

Row 17: k3, slm, k1, rep (yo, k1) three times, k2tog twice, slm, work Pattern Stitch Row 1 three times to m, slm, (10 sts rem between next m), k2tog three times, rep (yo, k1) twice, yo, ssk, slm, k3.

Row 18: Work as Row 2.

Row 19: Knit to end.

Row 20: Work as Row 4.

Remove 2nd and 3rd m when working last row.

Repeat RW Stockinette Stitch Section and RW Pattern Stitch Section three more times.

BO knitwise while working the last WS row.

LEFT WING (LW)

Begin with LW Stockinette Stitch Section as for RW.

準備段1（表面）：表目3、slm、かけ目、mの2目手前まで表編み、右上2目一度、slm、表目1（中心の目）、巻き増し目を2目。（72目＋端目3目ずつ、合計78目）

※新たに作り目をした2目に段数マーカーをつけるか別糸を通しておく。左側を編み始めるときに目を拾いやすくなる。

準備段2（裏面）：浮き目3、slm、mまで裏編み、slm、浮き目3。

ライトウィング（RW）のメリヤス編みセクション

1段め（表面）：表目3、slm、かけ目、mの2目手前まで表編み、右上2目一度、slm、表目3。

2段め（裏面）：浮き目3、slm、mまで裏編み、slm、浮き目3。

1、2段めをあと7回（2回め以降は8回）編みます。

次段（表面）：最後まで表編み。

次段（裏面）：浮き目3、slm、mまで表編み、slm、浮き目3。

RWメリヤス編みセクションが合計20段編めたらRW模様編みセクションを編む。

ライトウィング（RW）模様編みセクション

1段め（表面）：表目3、slm、かけ目、pm、模様編みの1段めを3回編み、pm、左上2目一度を3回、（かけ目、表目1）を5回、表目1、左上2目一度を2回、右上2目一度、slm、表目3。

2段め（裏面）：浮き目3、slm、最後のmまで裏編み、slm、浮き目3。

3段め：表目3、slm、かけ目、最後のmの2目手前まで表編み、右上2目一度、slm、表目3。

4段め：浮き目3、slm、最後のmまで表編み、slm、浮き目3。

5段め（表面）：表目3、slm、かけ目、表目2、slm、模様編みの1段めをmまで3回編み、slm、（次のmとの間には16目）、左上2目一度を3回、（かけ目、表目1）を4回、表目2、左上2目一度、右上2目一度、slm、表目3。

6～8段め：2～4段めと同様に編む。

9段め：表目3、slm、（かけ目、表目1）を2回、左上2目一度、slm、模様編みの1段めをmまで3回編み、slm、（次のmとの間には14目）、左上2目一度を3回、（かけ目、表目1）を4回、左上2目一度、右上2目一度、slm、表目3。

10～12段め：2～4段めと同様に編む。

13段め：表目3、slm、表目2、（かけ目、表目1）を2回、左上2目一度、slm、模様編みの1段めをmまで3回編み、slm、（次のmとの間には12目）、左上2目一度を3回、（かけ目、表目1）を3回、表目1、右上2目一度、slm、表目3。

14～16段め：2～4段めと同様に編む。

17段め：表目3、slm、表目1、（かけ目、表目1）を3回、左上2目一度を2回、slm、模様編みの1段めをmまで3回編み、slm、（次のmとの間には10目）、左上2目一度を3回、（かけ目、表目1）を2回、かけ目、右上2目一度、slm、表目3。

18段め：2段めと同様に編む。

19段め：最後まで表編み。

Set-up Row 1 (RS): Pick up and knit the 2 sts held at the beginning of RW, k1, slm, k2tog, knit until m, yo, slm, k3.
Set-up Row 2 (WS): sl3 wyif, slm, purl to m, slm, sl3 wyif.
Cont LW Stockinette Stitch Section as follows:

LW Stockinette Stitch Section

Row 1 (RS): k3, slm, k2tog, knit until m, yo, slm, k3.
Row 2 (WS): sl3 wyif, slm, purl to m, slm, sl3 wyif.
Repeat Rows 1 and 2 seven more times (eight more times for following repeats).

Next row (RS): Knit to end.
Next row (WS): sl3 wyif, slm, knit to m, slm, sl3 wyif.
After working a total of 20 rows of LW Stockinette Stitch Section, work LW Pattern Stitch Section as follows:

LW Pattern Stitch Section

Row 1 (RS): k3, slm, k2tog three times, k1, rep (yo, k1) five times, k2tog three times, pm, work Pattern Stitch Row 1 three times, pm, yo, slm, k3.
Row 2 (WS): sl3 wyif, slm, purl to last m, slm, sl3 wyif.
Row 3: k3, slm, k2tog, k to last m, yo, slm, k3.
Row 4: sl3 wyif, slm, knit to last m, slm, sl3 wyif.
Row 5 (RS): k3, slm, k2tog twice, k2, rep (yo, k1) four times, k2tog three times, slm, work Pattern Stitch Row 1 three times to m, slm, k2, yo, slm, k3.
Rows 6 to 8: Work as Rows 2 to 4.
Row 9: k3, slm, k2tog twice, rep (yo, k1) four times, k2tog three times, slm, work Pattern Stitch Pattern Stitch Row 1 three times to m, slm, k2tog, rep (k1, yo) twice, slm, k3.
Rows 10 to 12: Work as Rows 2 to 4.
Row 13: k3, slm, k2tog, k1, rep (yo, k1) three times, k2tog three times, slm, work Pattern Stitch Row 1 three times to m, slm, k2tog twice, yo, rep (k1, yo) twice, slm, k3.
Rows 14 to 16: Work as Rows 2 to 4.
Row 17: k3, slm, k2tog, k1, rep (yo, k1) twice, k2tog three times, slm, work Pattern Stitch Row 1 three times to m, slm, k2tog twice, rep (yo, k1) twice, k2, yo, slm, k3.
Row 18: Work as Row 2.
Row 19: Knit to end.
Row 20: Work as Row 4.
Remove 2nd and 3rd m when working last row.

Repeat LW Stockinette Stitch Section and LW Pattern Stitch Section three more times.
BO knitwise while working the last WS row.
Weave in ends and block before working frills.

20段め：4段めと同様に編む。
最後の段を編みながら2つめと3つめのmをはずす。
RWメリヤス編みセクションとRW模様編みセクションをあと3回編む。
最後の裏面の段を表編みしながら伏せ止めにする。

レフトウィング（LW）を編む

RWと同様に、LWのメリヤス編みセクションから編み始める。
準備段1（表面）：RWの編み始めの巻き増し目2目（マーカーをつけた2目）から拾い目を表目2、表目1、slm、左上2目一度、mまで表編み、かけ目、slm、表目3。
準備段2（裏面）：浮き目3、slm、mまで裏編み、slm、浮き目3。
続けてLWメリヤス編みセクションを次のように編む。

LWメリヤス編みセクション

1段め（表面）：表目3、slm、左上2目一度、mまで表編み、かけ目、slm、表目3。
2段め（裏面）：浮き目3、slm、mまで裏編み、slm、浮き目3。
1・2段めをあと7回（2回め以降は8回）編みます。
次段（表面）：最後まで表編み。
次段（裏面）：浮き目3、slm、mまで表編み、slm、浮き目3。
LWメリヤス編みセクション20段が編めたらLW模様編みセクションを編む。

LW模様編みセクション

1段め（表面）：表目3、slm、左上2目一度を3回、表目1、（かけ目、表目1）を5回、左上2目一度を3回、pm、模様編みの1段めを3回編む、pm、かけ目、slm、表目3。
2段め（裏面）：浮き目3、slm、最後のmまで裏編み、slm、浮き目3。
3段め：表目3、slm、左上2目一度、最後のmまで表編み、かけ目、slm、表目3。
4段め：浮き目3、slm、最後のmまで表編み、slm、浮き目3。
5段め（表面）：表目3、slm、左上2目一度を2回、表目2、（かけ目、表目1）を4回、左上2目一度を3回、slm、模様編みの1段めをmまで3回編む、slm、表目2、かけ目、slm、表目3。
6～8段め：2～4段めと同様に編む。
9段め：表目3、slm、左上2目一度を2回、（かけ目、表目1）を4回、左上2目一度を3回、slm、模様編みの1段めをmまで3回編む、slm、左上2目一度、（表目1、かけ目）を2回、slm、表目3。
10～12段め：2～4段めと同様に編む。
13段め：表目3、slm、左上2目一度、表目1、（かけ目、表目1）を3回、左上2目一度を3回、slm、模様編みの1段めをmまで3回編む、slm、左上2目一度を2回、かけ目、（表目1、かけ目）を2回、slm、表目3。
14～16段め：2～4段めと同様に編む。

FRILLS

Using yarn B, pick up and knit sts along the bottom loop of the purl sts below the last row worked in Pattern Stitch. The frills will be worked on the second repeat of the triangle and first three repeats from each wing.
Total four rows of frills for each wing.

Work each of the frill as follows:
The frill will be worked back and forth along 72 sts, excluding 3 sts on each end.
Beginning with the RW, with RS facing with the cast off edge of the RW towards the top, pick up and knit into each bottom loop of the purl st worked for the last row of the pattern repeat. (72 sts)
Inc row (WS): p1, rep (pfb, p2) until 2 sts rem, pfb, p1. (24 sts inc'd, total 96 sts)
Beginning from the next RS row, work in St st for 10 rows. BO loosely from the RS.

Work frills in the same way for remaining three locations for RW, and for all four locations for LW.
Weave in all remaining ends and steam block lightly.
Be sure not to press the frills.

17段め：表目3、slm、左上2目一度、表目1、(かけ目、表目1)を2回、左上2目一度を3回、slm、模様編みの1段めをmまで3回編み、slm、左上2目一度を2回、(かけ目、表目1)を2回、表目2、かけ目、slm、表目3。
18段め：2段めと同様に編む。
19段め：最後まで表編み。
20段め：4段めと同様に編む。
最後の段を編みながら2つめと3つめのmをはずす。
LWメリヤス編みセクションとLW模様編みセクションをあと3回編む。
最後の裏面の段を表編みしながら伏せ止めにする。
糸始末をして、フリルを編む前にブロッキングを済ませる。

フリル

Bの糸で、模様編みセクションの最終段の1段下（裏目を編んだ下側の山になっているところ）から拾い目をする。拾い目をする箇所は三角形の2模様とRW・LWの最初の3模様。
両側にフリルを4枚ずつ編む。
各フリルは両端の3目ずつを除く72目を往復に編む。
まずRWから、表面から編み終わりを上にして、模様編みの最後の段の裏目の下側72目から1目ずつ拾う。
増し目段（裏面）：裏目1、最後に2目残るまで（pfb、裏目2）をくり返し、pfb、裏目1。（24目増、合計96目）
次段の表面の段からメリヤス編みを10段編む。
最後は表面からゆるめに伏せ止めにする。
RWのあと3カ所、そしてLWの4ヵ所にも同様に編む。
残りの糸始末をして、フリルを押さえないように注意して軽くスチームを当てる。

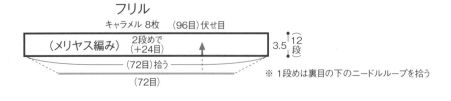

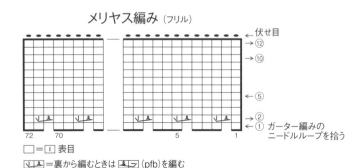

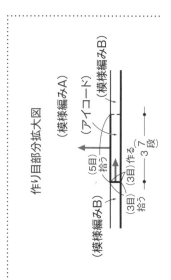

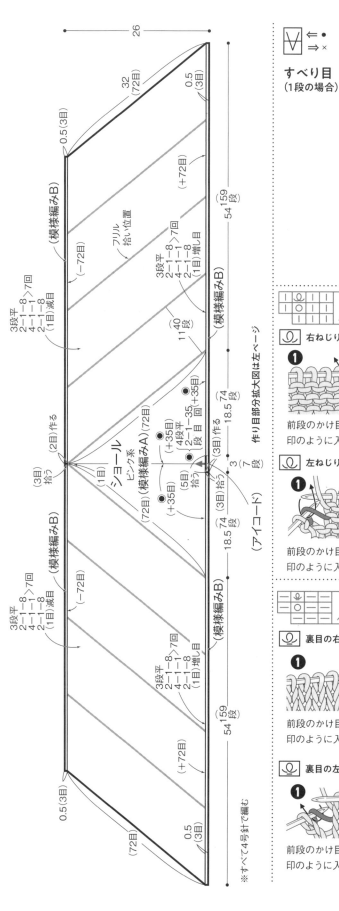

すべり目
（1段の場合）

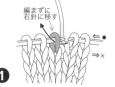

❶ ●の段で糸を向こう側に置き、矢印のように針を入れて、編まずに移す。

❷ 移した目がすべり目になる。続けて、次の目を編む。

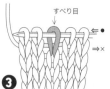

❸ すべり目の部分は渡り糸が向こう側にある。

❹ 次の段は記号図通りに編む。

かけ目とねじり目の増し目
（表目のとき）

右ねじり目（裏から編む）

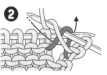

❶ 前段のかけ目に右針を矢印のように入れ、

❷ 糸をかけて矢印のように引き出す。

左ねじり目（裏から編む）

❶ 前段のかけ目に右針を矢印のように入れ、

❷ 糸をかけて矢印のように引き出す。

かけ目とねじり目の増し目
（裏目のとき）

裏目の右ねじり目（裏から編む）

❶ 前段のかけ目に右針を矢印のように入れ、

❷ 糸をかけて矢印のように引き出す。

裏目の左ねじり目（裏から編む）

❶ 前段のかけ目に右針を矢印のように入れ、

❷ 糸をかけて矢印のように引き出す。

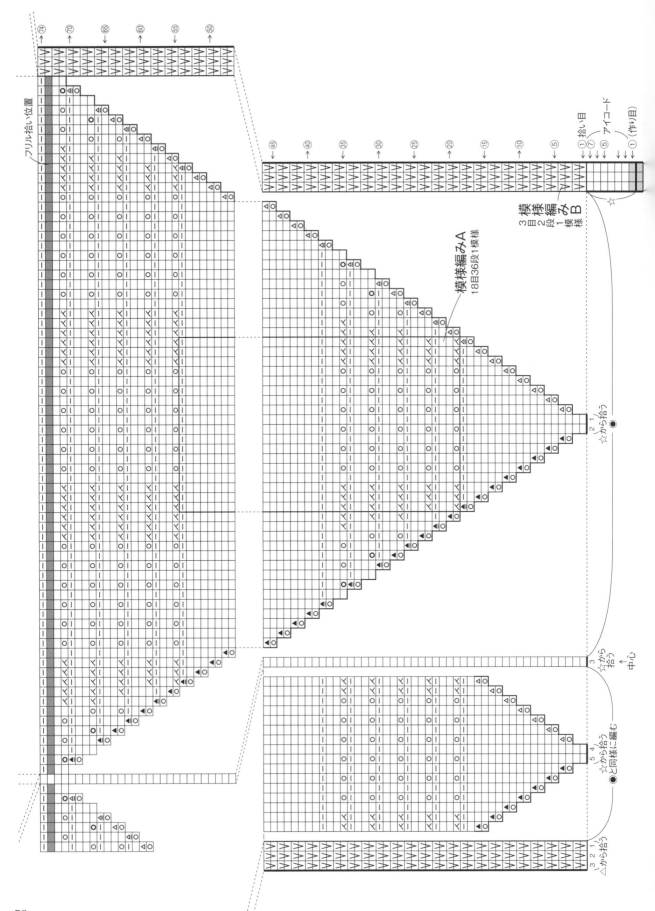

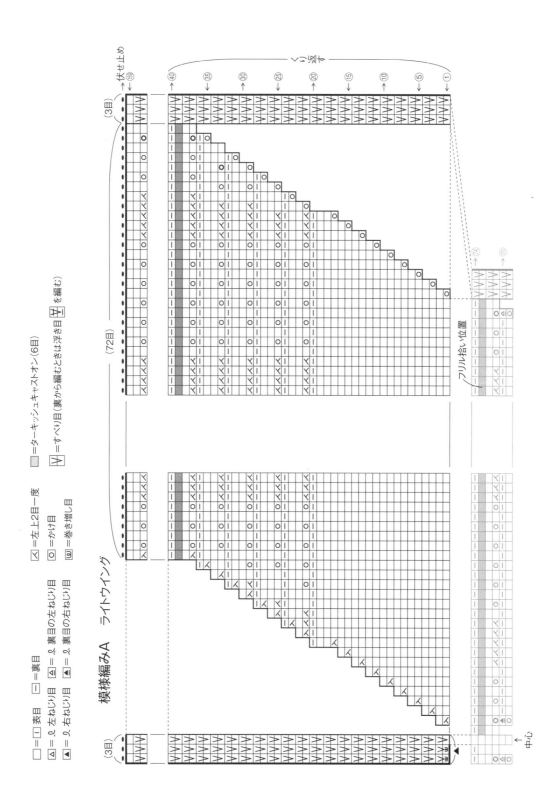

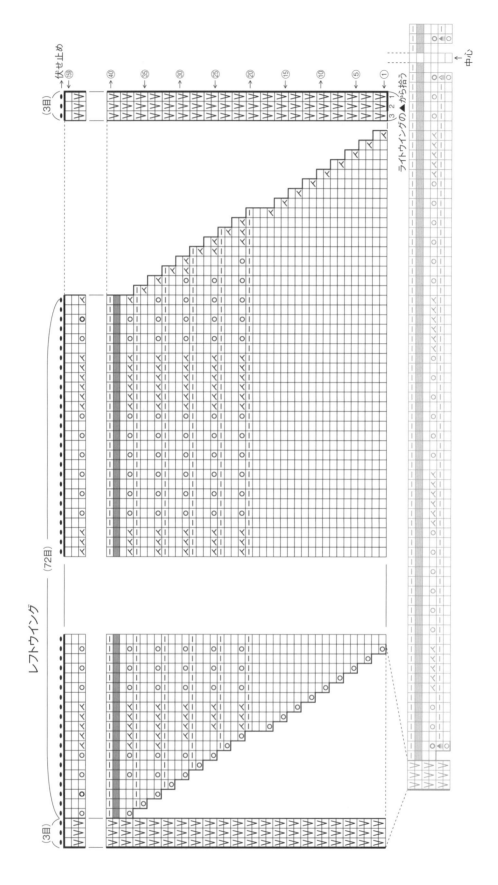

p.14 | *Movie Star* ムービースター

▶ **Yarn**

ISAGER Sock Yarn Col. Blue (44) 145 g

▶ **Needles**

3.3 mm (JP #4) needles

▶ **Notions** stitch marker

▶ **Gauge**

35 sts, 27 rows = 10 cm x 10 cm in pattern stitch

▶ **Finished measurements**

Width 20 cm, Length 180 cm

This scarf is worked sideways beginning with the Increase Section, then the Straight Section and ending off by working the Decrease Section.

The width and length are easily adjustable, but need to note that the amount of yarn will differ.

▶ **Special Abbreviations**

Make 3 (make three stitches): (k1, p1, k1) into same stitch.

Make 6 beg k1 (make six stitches beginning with k1):

(k1, p1) three times into same stitch.

Make 6 beg p1 (make six stitches beginning with p1):

(p1, k1) three times into same stitch.

▶ **INSTRUCTIONS**

CO 9 sts.

Row 1 (WS): p3, k3, p3.

Row 2 (RS): k3, p3, k3.

Row 3: p3, sk2po, p3.

Row 4: sk2po, Make 3, sk2po.

Row 5: Make 6 beg p1, p3, Make 6 beg k1.

Row 6: k3, rep (p3, k3) to end.

Row 7: p3, rep (k3, p3) to end.

Row 8: Work as Row 6.

Row 9: p3, rep (sk2po, p3) to end.

Row 10: sk2po, rep (Make 3, sk2po) to end.

Row 11: Make 6 beg p1, p3, (Make 3, p3) until last st, Make 6 beg k1.

Rep above Rows 6 to 11 eleven times and then Rows 6 to 8 once more. (87 sts)

Then proceed to Straight Section.

Straight Section

Row 1: p3, rep (sk2po, p3) to end.

Row 2: sk2po, rep (Make 3, sk2po) to end.

Row 3: Make 6 beg p1, rep (p3, Make 3) until 4 sts rem, p2, p2tog.

Row 4: k3, rep (p3, k3) to end.

Row 5: p3, rep (k3, p3) to end.

Row 6: Work as Row 4.

▶ **使用糸**

イサガー　ソックヤーン　ブルー（44）145g

▶ **使用針**

3.3mm（JP4号）棒針

▶ **その他の道具** ステッチマーカー

▶ **ゲージ**

35目、27段＝模様編みで10cm×10cm

▶ **仕上がり寸法**

幅：20cm、長さ：180cm

まずは「増し目セクション」を編み、次に「増減目のないパセクション」、そして最後は「減目セクション」へとセクションごとに編み進める。幅と長さのどちらも簡単にアレンジできますが、糸量が異なる点だけ注意する。

▶ **特別な略語**

・Make 3（1目から3目編み出す）：次の目に（表目1、裏目1、表目1）の3目を編む。

・Make 6 beg k1（1目めを表目にして、1目から6目編み出す）：次の目に（表目1、裏目1）を3回くり返し編む。

・Make 6 beg p1（1目めを裏目にして、1目から6目編み出す）：次の目に（裏目1、表目1）を3回くり返し編む。

▶ **編み方**

Increase Section（増し目セクション）

指でかける作り目で9目作る。

1段め（裏面）：裏目3、表目3、裏目3。

2段め（表面）：表目3、裏目3、表目3。

3段め：裏目3、右上3目一度、裏目3。

4段め：右上3目一度、Make 3、右上3目一度。

5段め：Make 6 beg p1、裏目3、Make 6 beg k1。

6段め：表目3、（裏目3、表目3）を最後までくり返す。

7段め：裏目3、（表目3、裏目3）を最後までくり返す。

8段め：6段めと同様に編む。

9段め：裏目3、（右上3目一度、裏目3）を最後までくり返す。

10段め：右上3目一度、（make 3、右上3目一度）を最後までくり返す。

11段め：Make 6 beg p1、裏目3、最後に1目残るまで（Make 3、裏目3）をくり返し、Make 6 beg k1。

増し目パートの6～11段めを11回くり返し、目数が87目になるまで6～8段めをもう一度編む。

続けて「増減目のないセクション」を編む。

Straight Section（増減目のないセクション）

1段め：裏目3、（右上3目一度、裏目3）を最後までくり返す。

2段め：右上3目一度、（Make 3、右上3目一度）を最後までくり返す。

3段め：Make 6 beg p1、（裏目3、Make 3）を最後に4目残るまでくり返し、裏目2、裏目の左上2目一度。

Rep rows 1 to 6 of Straight Section a total of 45 times or until desired length.

Decrease Section
Row 1: BO 2 sts purlwise, rep (sk2po, p3) to end.
Row 2: BO 2 sts, rep (Make 3, sk2po) until 2 sts rem, Make 3, k1.
Row 3: p2tog, p2, Make 3, (p3, Make 3) until 4 sts rem, p2, p2tog.
Row 4: k3, rep (p3, k3) to end.
Row 5: p3, rep (k3, p3) to end.
Row 6: Work as Row 4.
Rep Rows 1 to 6 of Decrease Section until 9 sts rem.
BO remaining stitches in pattern.
Weave in ends and block lightly.

4段め：表目3、(裏目3、表目3)を最後までくり返す。
5段め：裏目3、(表目3、裏目3)を最後までくり返す。
6段め：4段めと同様に編む。
「増減目のないセクション」の1〜6段めを45回、または好みの長さまでくり返す。(270段)
6段めで編み終え、続けて「減目セクション」を編む。

Decrease Section（減目セクション）
1段め：裏目で2目伏せる、最後まで(右上3目一度、裏目3)をくり返す。
2段め：2目伏せる、最後に2目残るまで(Make 3、右上3目一度)をくり返し、Make 3、表1目。
3段め：裏目の左上2目一度、裏目2、Make 3、(裏目3、Make 3)を最後に4目残るまでくり返し、裏目2、裏目の左上2目一度。
4段め：表目3、(裏目3、表目3)を最後までくり返す。
5段め：裏目3、(表目3、裏目3)を最後までくり返す。
6段め：4段めと同様に編む。
「減目セクション」の1〜6段めをくり返し、目数が9目になるまで編む。
残りの目を目なりに伏せ止めにする。糸始末をして軽くブロッキングする。

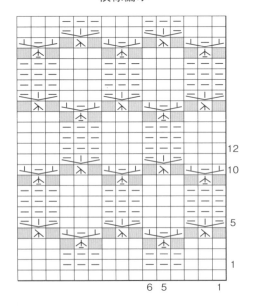

模様編み

□ = □ 表目
□ = 裏目
△ = 裏目の中上3目一度
　　（編む時は右上3目一度 △ を編む）
△ = 右上3目一度
⊥⊥⊥ = 3目の編み出し目
⊥⊥⊥ = 3目の編み出し目
　　（編む時は ⊥⊥⊥ で編む）
■ = 目のないところ

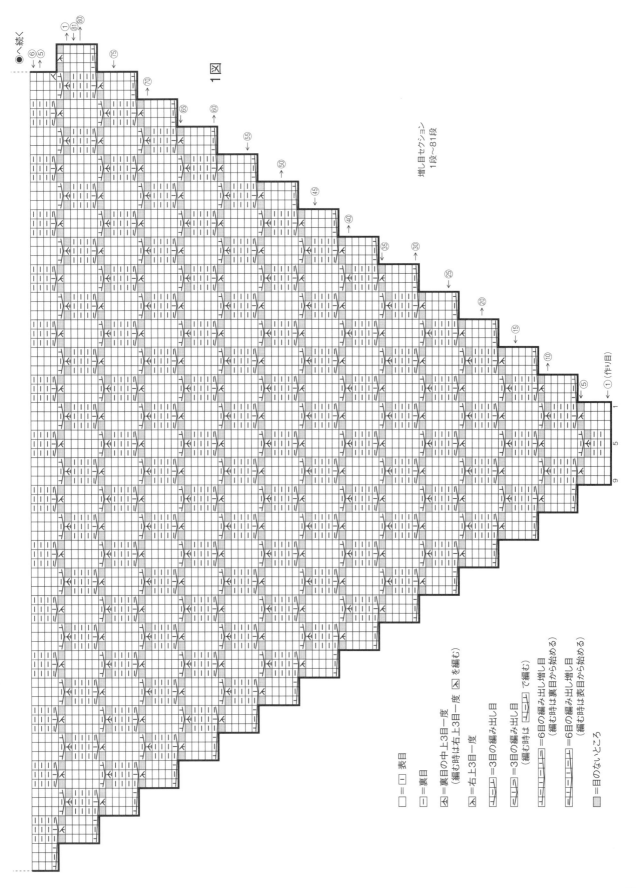

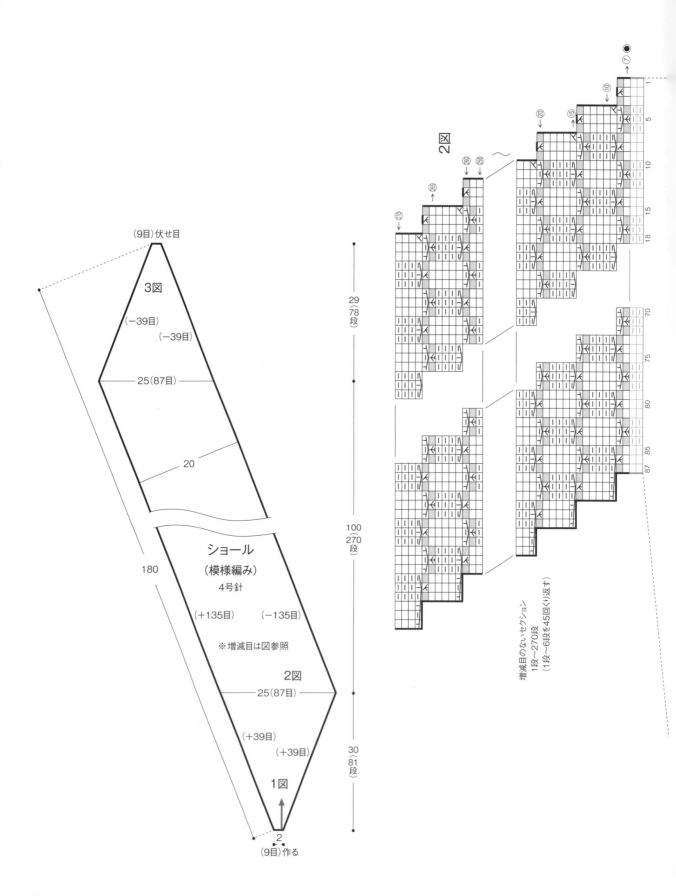

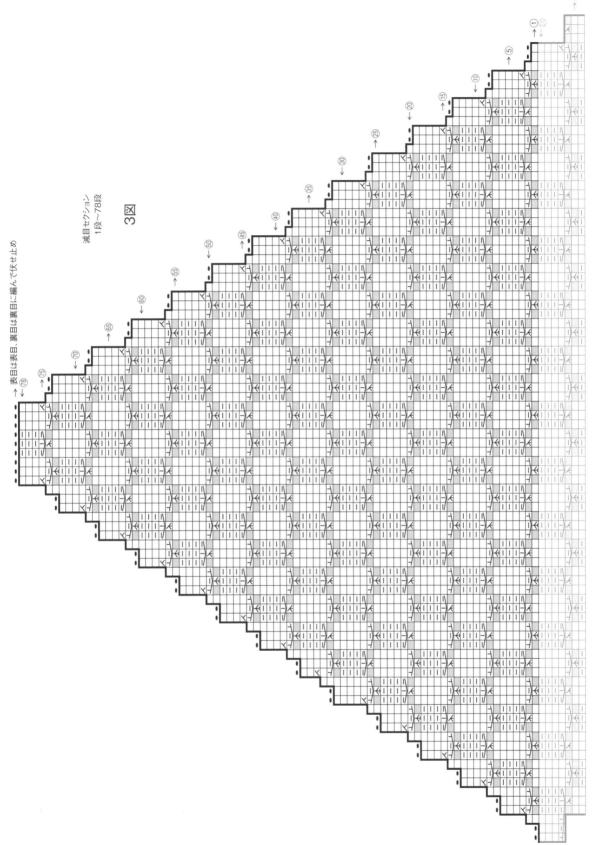

p.16 | *Letti* レッティ

▶ **Yarn**

DARUMA Spanish Merino

MC: off-white (1) 115 g, CC1: chocolate (3) 40 g, CC2: marine blue (2) 20 g

▶ **Needles**

5.7 mm (JP #12) 80 cm circular needles or straight needles

▶ **Gauge**

20 sts, 20 rows = 10 cm x 10 cm in pattern stitch

▶ **Finished measurements**

53 cm from top to bottom

This balaclava begins by making mitered squares for the top and building off of one another by picking up stitches. Once the pieces are joined, the hood is worked back and forth towards the bottom, and the front neck section is added for further warmth.

▶ **Special Abbreviations**

sk2po: Slip 1 st knitwise, knit 2 sts together, pass the slipped st over the knit stitch.

This makes a left slanting double decrease.

▶ **INSTRUCTIONS**

Mitered Square

(with color assignment for Square 1 & 2. Make 2)

With CC1, CO 25 sts using the Long Tail CO method.

Next row: Knit to end.

Row 1 (RS): k11, sk2po, k11. (23 sts)

Row 2 and all WS rows: Knit to end.

Row 3: k10, sk2po, k10. (21 sts)

Row 5: Cut CC1, switch to MC, k9, sk2po. k9. (19 sts)

Row 7: k8, sk2po, k8. (17 sts)

Row 9: k7, sk2po, k7. (15 sts)

Row 11: k6, sk2po, k6. (13 sts)

Row 13: Cut MC, Switch to CC2, k5, sk2po, k5. (11 sts)

Row 15: k4, sk2po, k4. (9 sts)

Row 17: k3, sk2po, k3. (7 sts)

Row 19: k2, sk2po, k2. (5 sts)

Row 21: k1, sk2po, k1. (3 sts)

Row 23: sk2po. (1 st)

Cut CC2. Draw tail end through remaining loop to fasten.

Adding squares to make a large square

A larger square is made by picking up stitches from each of the two squares 1 and 2 to work additional mitered squares. The newly made squares will be referred to as Squares 3 and 4.

▶ **使用糸**

DARUMA スパニッシュメリノ

MC：きなり（1） 115g、CC1：チョコレート（3） 40g、CC2： マリンブルー（2） 20g

▶ **使用針**

5.7mm（JP12号）80cm輪針または棒針

▶ **ゲージ**

20目、20段＝模様編み縞で10cm×10cm

▶ **仕上がり寸法**

丈：53cm

このバラクラバはトップのドミノ編みのスクエアから編み始め、それぞれのスクエアから拾い目をして編み広げる。パーツがつながると、フード部分を往復編みにしながらかぶり口に向かって編み、ネックの前面を加えることで保温性を確保している。

▶ **特別な略語**

・右上3目一度：

1目めを表目を編むように右針に移し、次の2目を2目一度に編み、右針に移した目を編んだ目にかぶせる。

▶ **編み方**

ドミノ編みのスクエア

※配色の指定はスクエア1・2の配色指定。2枚編む。

CC1で指でかける作り目で25目作る。

次段：最後まで表編み。

1段め（表面）：表目11、右上3目一度、表目11。（23目）

2段めと以後の裏段すべて：最後まで表編み。

3段め：表目10、右上3目一度、表目10。（21目）

5段め：CC1を切りMCに持ち替え、表目9、右上3目一度、表目9。（19目）

7段め：表目8、右上3目一度、表目8。（17目）

9段め：表目7、右上3目一度、表目7。（15目）

11段め：表目6、右上3目一度、表目6。（13目）

13段め：MCを切りCC2に持ち替え、表目5、右上3目一度、表目5。（11目）

15段め：表目4、右上3目一度、表目4。（9目）

17段め：表目3、右上3目一度、表目3。（7目）

19段め：表目2、右上3目一度、表目2。（5目）

21段め：表目1、右上3目一度、表目1。（3目）

23段め：右上3目一度。（1目）

CC2を切り、糸端を残った目に通して引き締める。

スクエアを編み足して大きなスクエアを作る

大きなスクエアは、スクエア1と2から拾い目をしてドミノ編みのスクエアを編み足す。新たにできるスクエアはスクエア3と4とする。

** MCでスクエア1の作り目の左側から13目拾い、続けてスク

**With MC, pick up and knit 13 sts from the left half of CO edge of Square 1 and cont to pick up and knit 12 sts from the right half of the CO edge of Square 2. (Total 25 sts)

Next row: Knit to end.

Cont with MC following the instructions for Mitered Square from Row 1 to Row 12. (13 sts)

Cut MC. Switch to CC2 and work remaining rows.**

Rotate work 180 degrees and repeat from ** to make Square 4. This completes the large square.

Adding side triangles

Make the first side triangle along the right edge of Square 2 as follows:

With MC and RS of Square 2 facing, pick up and knit 13 sts from right edge.

Next row: Knit to end.

Row 1 (RS): Knit until 2 sts rem, ssk.

Row 2 (WS): Knit to end.

Repeat above two rows until 1 st rem.

Cut yarn and draw tail end through remaining loop to fasten.

Make the second side triangle along the left edge of Square 2 as follows:

With MC and RS of Square 2 facing, pick up and knit 13 sts from left edge.

Next row: Knit to end.

Row 1 (RS): k2tog, knit to end.

Row 2 (WS): Knit to end.

Repeat above two rows until 1 st rem.

Cut yarn and draw tail end through remaining loop to fasten.

Square 5

Rotate the piece 180 degrees, and with CC1, pick up and knit sts from Square 1 as follows:

12 sts from right edge, 1 st from the center tip, 12 sts from left edge. (Total 25 sts)

Next row: Knit to end.

Continue with CC1, and work Mitered Square Rows 1 to 4. Cut CC1.

Switch to MC and cont Mitered Square Rows 5 to end. Cut MC.

Pick up stitches from squares to work pattern stitch in stripes

With CC1, pick up and knit 13 sts from the very edge of the LEFT TRIANGLE, 1 st from the join, 12 sts from right edge

エア2の作り目の右側から12目拾う。（25目になる）

次段：最後まで表編み。

そのままMCで「ドミノ編みのスクエア」の手順の1段めから12段めまで編む。（13目になる）

MCを切り、CC2に持ち替え、「ドミノ編みのスクエア」の続きを最後まで編む。**

編み地を180度回転させ、**からの手順をくり返し、スクエア4を編む。

これで大きなスクエアができあがる。

トライアングルを編む

1つめのトライアングルはスクエア2の右端（段から）に沿い、次の通り編む。

MCで表面からスクエア2の右端に沿って13目拾う。

次段：最後まで表編み。

1段め（表面）：最後に2目残るまで表編み、右上2目一度。

2段め（裏面）：最後まで表編み。

残り1目になるまで上記の2段をくり返す。

糸を切り、糸端を残った目に通して引き締める。

2つ目のトライアングルはスクエア2の左端（段から）に沿い、次の通り編む。

MCで表面からスクエア2の左端に沿って13目拾う。

次段：最後まで表編み。

1段め（表面）：左上2目一度、最後まで表編み。

2段め（裏面）：最後まで表編み。

残り1目になるまで上記の2段をくり返す。

糸を切り、糸端を残った目に通して引き締める。

スクエア5を編む

編み地を180度回転させ、CC1でスクエア1の端に沿って次の通り編む。

右端から12目拾い、中心となるスクエア1の頂点から1目拾い、左端から12目拾う。（合計25目になる）。

次段：最後まで表編み。

そのままCC1で、「ドミノ編みのスクエア」の1段めから4段めまで編む。CC1を切る。

MCに持ち替え、「ドミノ編みのスクエア」の続きを最後まで編む。MCを切る。

スクエアから拾い目して模様編み縞を編む

CC1で次のように拾い目をする。左側のトライアングルの端に沿って13目、次のスクエア4の境界から1目、スクエア4の右端に沿って12目、スクエアとの頂点から1目、スクエア4の左端に沿って12目、次のスクエア5との境界から1目、スクエア5の右端に沿って12目、スクエアの頂点から1目、スクエア5

67

of Square 4, 1 st from the tip, 12 sts from the left side of Square 4, 1 st from the join between Square 5, 12 sts from right edge of Square 5, 1 st from the tip, 12 sts from the left side of Square 5, 1 st from the join between Square 3, 12 sts from right edge of Square 3, 1 st from the tip, 12 sts from the left side of Square 3, 1 st from the join and 13 sts from RIGHT TRIANGLE to the very edge. (Total 105 sts)
Next row: Knit to end.

Next row (RS): k1, *M1L, k11, sk2po, k11, M1R, k1; rep from * three more times.
Next row (WS): knit.
The above two rows make one garter ridge.

Cont working these two rows until there are the following number of garter ridges for each color:
CC1 x 3 ridges, MC x 7 ridges, CC2 x 1 ridge, MC x 5 ridges, CC1 x 3 ridges, MC x 5 ridges

Switch to CC2 and work RS row.
Then work WS row as follows: k40, BO the next 25 sts knitwise, k40.

LEFT FRONT

With the remaining first 40 sts, work as follows:
Next row (RS): k1, M1L, k11, sk2po, k11, M1R, k1, M1L, k11, ssk.
Next row (WS): knit.
Cont working above two rows until the following number of garter ridges are worked for each color: MC x 5 ridges, CC1 x 3 ridges
After working last WS row with CC1, cut yarn and leave sts on hold.

RIGHT FRONT

Rejoin MC to the remaining 40 sts and work as follows:
Next row (RS): k2tog, k11, M1R, k1, M1L, k11, sk2po, k11, M1R, k1.
Next row (WS): knit.
Cont working above two rows until the following number of garter ridges are worked for each color: MC x 5 ridges, CC1 x 3 ridges
After working last WS row with CC1, cut yarn and leave sts on hold.

JOIN FRONTS

Place live sts so that the RIGHT FRONT is on the right side

の左端に沿って12目、次のスクエア3との境界から1目、スクエア3の右端に沿って12目、スクエアの頂点から1目、スクエア3の左端に沿って12目、次のトライアングルとの境界から1目、右側のトライアングルの端に沿って13目。(合計105目)
次段：最後まで表編み。

次段(表面)：表目1、*左ねじり増し目1、表目11、右上3目一度、表目11、右ねじり増し目1、表目1；*～；までをあと3回編む。
次段(裏面)：表編み。
上記の2段でガーター編みの「山」が1山できる。

この2段を以下の色で、指定の数を編む。
CC1×3山、MC×7山、CC2×1山、MC×5山、
CC1×3山、MC×5山
CC2に持ち替え表面を編む。
そして裏面を次のように編む。表目40、表目を編みながら25目伏せ、表目40。

左前面

最初の40目を次のように編む。
次段(表面)：表目1、左ねじり増し目1、表目11、右上3目一度、表目11、右ねじり増し目1、表目1、左ねじり増し目1、表目11、右上2目一度。
次段(裏面)：最後まで表編み。
続けて上記2段をくり返し、ガーター編みの山を以下の色で、指定の数を編む：MC×5山、CC1×3山
CC1で最後の裏面の段を編み終えると、糸を切り、編み目を休ませておく。

右前面

MCを残りの40目につけ直し、次のように編む。
次段(表面)：左上2目一度、表目11、右ねじり増し目1、表目1、左ねじり増し目1、表目11、右上3目一度、表目11、右ねじり増し目1、表目1。
次段(裏面)：表編み。
続けて上記2段をくり返し、ガーター編みの山を以下の色で、指定の数を編む：MC×5山、CC1×3山
CC1で最後の裏面の段を編み終えると、糸を切り、編み目を休ませておく。

前面をつなげる

同じ針に右前面が右側に、左前面が左側になるようにのせる。
表面からMCで次のように編む。
つなげる段(表面)：左上2目一度、表目11、右ねじり増し目1、表目1、左ねじり増し目1、表目11、右上3目一度、表目11、右ねじり増し目1、左上2目一度(右前面の最後の目と左前面

and LEFT FRONT is on the left side on the same needle. With RS facing, attach MC and work as follows:
Joining row (RS): k2tog, k11, M1R, k1, M1L, k11, sk2po, k11, M1R, k2tog (last st from RIGHT FRONT and first st from LEFT FRONT), M1L, k11, sk2po, k11, M1R, k1, M1L, k11, ssk.
Next row (WS): Knit to end.
Next row (RS): k2tog, *k11, M1R, k1, M1L, k11, sk2po; rep from * once more, k11, M1R, k1, M1L, k11, ssk.
Next row (WS): Knit to end.
Rep above two rows until there are seven MC garter ridges. Cut MC.
Switch to CC2 and work RS row. Then BO knitwise from WS. Cut yarn and weave in all remaining ends.
Steam block lightly.

の最初の目を一度に編む)、左ねじり増し目1、表目11、右上3目一度、表目11、右ねじり増し目1、表目1、左ねじり増し目1、表目11、右上2目一度。
次段(裏面)：最後まで表編み。
次段(表面)：左上2目一度、*表目11、右ねじり増し目1、表目1、左ねじり増し目1、表目11、右3目一度；*～；までをもう一度編み、表目11、右ねじり増し目1、表目1、左ねじり増し目1、表目11、右上2目一度。
次段(裏面)：最後まで表編み。
上記の最後の2段をくり返し、MCのガーター編みの山が7山できるまで編む。MCを切る。
CC2に持ち替え、表面を編む。次の裏面を表編みしながら伏せる。
糸を切り、糸始末をする。スチームを軽く当ててブロッキングする。

Square 1+2

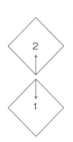

Adding squares

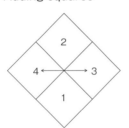

スクエア　12号針

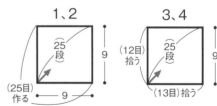

Adding side triangles

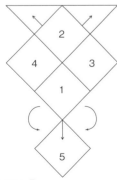

Square 5
Work across all squares

トライアングル　12号針

右　　　　　　　左

69

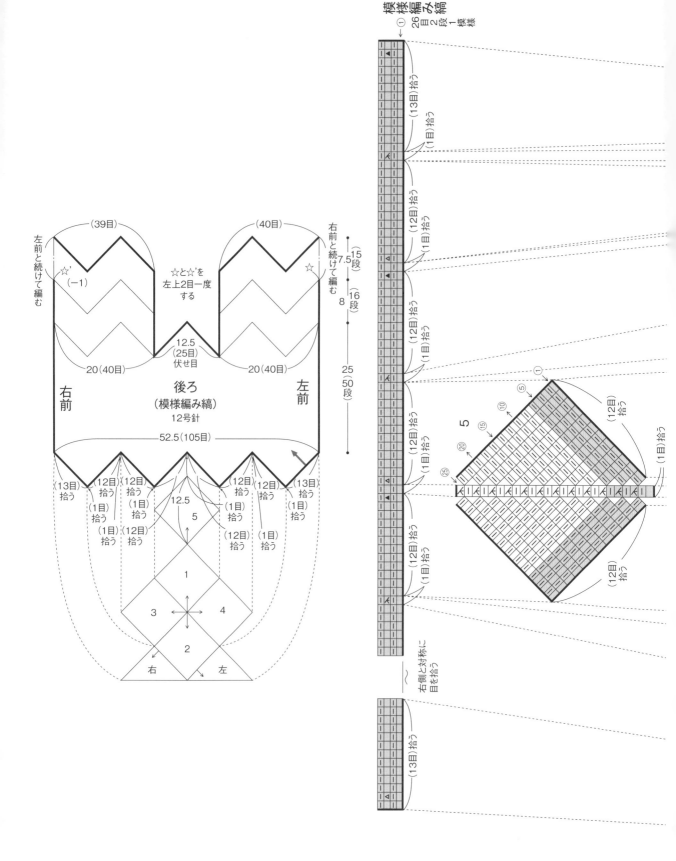

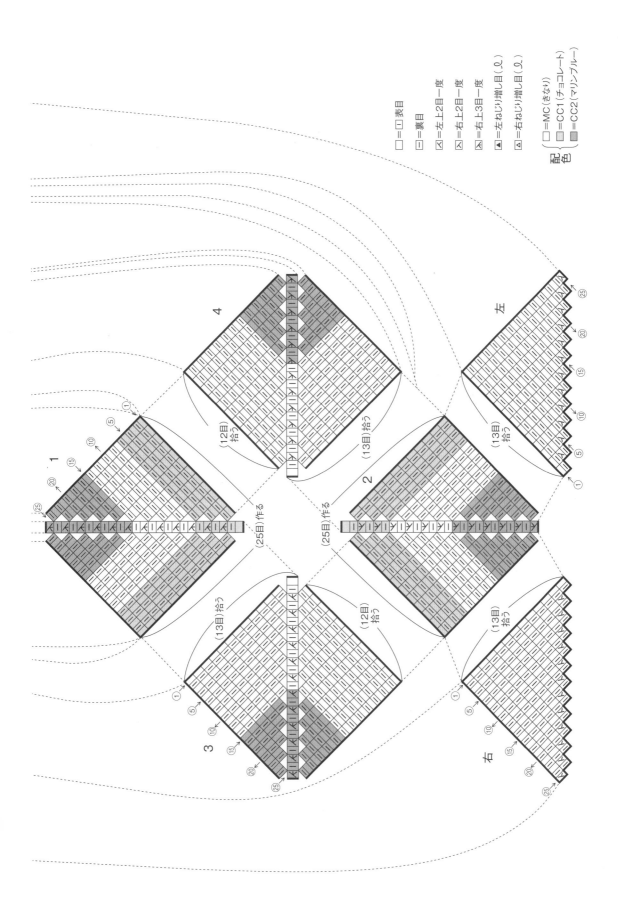

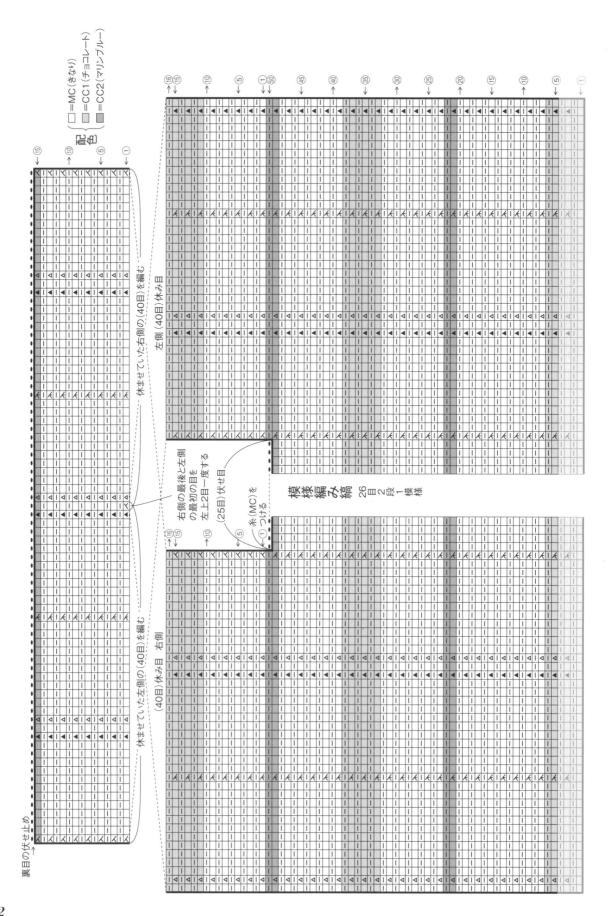

p.18 | *Crayon* クレヨン

▶ **Yarn**

Puppy British Fine

Colors: gray (09) 135 g, red (06) 50 g, yellow (35) 50 g, blue (07) 50 g

Note: Two colors are doubled throughout.

Color combinations are the following:

GR: gray with red, GY: gray with yellow, GB: gray with blue

▶ **Needles**

3.9 mm (JP #6) 80 cm circular needles

▶ **Gauge**

12 sts, 24 rows = 1 square (6.2 cm x 6.2 cm in garter stitch)

▶ **Finished measurements**

Length 149 cm, Width 31 cm

This shawl is worked by adding one square at a time by picking up stitches from adjacent squares. The yarn is worked double, using gray as the main color throughout and switching the contrast color.

This creates a crayon drawing like effect.

The length and width of this shawl are easily adjustable, as long as you plan for the width at the very beginning.

▶ **Special terms and techniques**

skp: slip last st, pick up and knit from selvedge slipped st of the adjacent square, pass slipped st over the knit st.

PUK: pick-up and knit.

▶ **INSTRUCTIONS**

Square 1

With GR, CO 12 sts using the Long Tail CO method.

Row 1 (RS): sl1 wyib, k until end.

Row 2 (WS): sl1 wyif, k to last st, p1.

Repeat Rows 1 & 2 ten more times.

Cont to Square 2.

Square 2 (Starting square from RS)

Switch to GY and with RS of Square 1 facing, CO 12 sts using the Knitted CO method.

Row 1 (RS): sl1 wyib, k until last st, skp.

Row 2 (WS): sl1 wyif, k to last st, p1.

Repeat Rows 1 & 2 ten more times and Row 1 once more.

Cont to Square 3.

Square 3 (Ending square from RS)

Still using GY and with RS of Square 1 and 2 facing, PUK 12 sts from the selvedge slipped sts of Square 1.

Row 1 (WS): sl1 wyif, k to last st, p1.

Row 2 (RS): sl1 wyib, k to end.

Repeat Rows 1 & 2 ten more times.

▶ **使用糸**

パピー　ブリティッシュファイン

グレー（09）135g、レッド（06）50g、イエロー（35）50g、ブルー（07）50g

※糸は色違いを1本ずつ2本どりにして編む。

色の組み合わせは

GR：グレーとレッド、GY：グレーとイエロー、GB：グレーとブルー

▶ **使用針**

3.9mm（JP6号）80cmの輪針

▶ **ゲージ**

12目、24段＝1スクエア（ガーター編みで6.2cm×6.2cm）

▶ **仕上がり寸法**

長さ：149cm、幅：31cm

このショールはスクエアをひとつずつ、隣接するスクエアから拾い目をして編み足してく。糸は2本どり、グレーを地色として全体に使用し、配色糸を色替えしながら編み進める。こうすることでクレヨン画のような表情が生まれる。

ショールの長さや幅は簡単に変えられるが、幅は前もって決めておく必要がある。

▶ **特別な用語と技法**

・文中の「右上2目一度」は次のように編む(skp)

最後の1目を右針に移し、（隣接するスクエアの端目から）拾い目をして、拾った目に移した目をかぶせる。

PUK：糸をつけて拾い目をする

▶ **編み方**

スクエア1

GRの糸の組み合わせで、指でかける作り目で12目作る。

1段め（表面）：すべり目1、最後まで表編み。

2段め（裏面）：浮き目1、最後に1目残るまで表編、裏目1。

1、2段めをあと10回編む。スクエア2へ。

スクエア2（表面からの編みはじめのスクエア）

GYに持ち替え、スクエア1の表面を見ながら、ニッティッドキャストオンの方法で左針に12目作る。

1段め（表面）：すべり目1、最後に1目残るまで表編み、（隣のスクエアの最終段の目と）右上2目一度。

2段め（裏面）：浮き目1、最後に1目残るまで表編、裏目1。

1、2段めをあと10回編み、1段めをもう一度編む。

スクエア3へ。

スクエア3（表面からの編み終わりのスクエア）

引き続きGYで、スクエア1と2の表面を見ながら、スクエア1の端のすべり目から12目拾う。

1段め（裏面）：浮き目1、最後に1目残るまで表編、裏目1。

2段め（表面）：すべり目1、最後まで表編み。

1、2段めをあと10回編む。

73

End with WS facing for next row. Cont to Square 4.

Square 4 (Starting square from WS)
Switch to GB and with WS of Square 3 facing, CO 12 sts using the Knitted CO method.
Row 1 (WS): sl1 wyif, k until last st, skp.
Row 2 (RS): sl1 wyib, k to end.
Repeat Rows 1 & 2 ten more times and Row 1 once more.
Do not turn. Cont to Square 5.

Square 5 (WS squares)
Still using GB and with WS of Square 3 facing, PUK 12 sts from the selvedge slipped st of Square 3 and 1 st from Square 2. Pass the 2nd from last st over the last st.
Row 1 (RS): sl1 wyib, k to end.
Row 2 (WS): sl1 wyif, k until last st, skp.
Repeat Rows 1 & 2 ten more times. Do not turn.
Cont to Square 6.

Square 6 (Ending square from WS)
Still using GB and with WS of Square 2 facing, PUK 12 sts from the selvedge slipped st of Square 2.
Row 1 (RS): sl1 wyib, k to end.
Row 2 (WS): sl1 wyif, k to last st, p1.
Repeat Rows 1 & 2 ten more times. End with WS facing for next row. Cont to Square 7.

Square 7: Switch to GR and work as Square 2.

Square 8 (RS Squares)
Still using GR and with RS of Square 6 facing, PUK 12 sts from the selvedge slipped st of Square 6 and 1 st from Square 5. Pass the 2nd from last st over the last st.
Row 1 (WS): sl1 wyif, k to last st, p1.
Row 2 (RS): sl1 wyib, k until last st, skp.
Repeat Rows 1 & 2 ten more times. Do not turn.
Cont to Square 9.

Square 9: Repeat Square 8.
Square 10: Repeat Square 3.
Square 11: Switch to GY and repeat Square 4.
Squares 12, 13, 14: Repeat Square 5.
Square 15: Repeat Square 6.
Square 16: Switch to GB and repeat Square 2.
Squares 17, 18, 19: Repeat Square 8.

次に裏面の段を編む状態で、スクエア4へ。

スクエア4（裏面からの編みはじめのスクエア）
GBに持ち替え、スクエア3の裏面の見ながら、ニッティッドキャストオンの方法で左針に12目作る。
1段め（裏面）：浮き目1、最後に1目残るまで表編み、（隣のスクエアの最終段の目と）右上2目一度。
2段め（表面）：すべり目1、最後まで表編み。
1、2段めをあと10回編み、1段めをもう一度編む。
編み地は返さず、スクエア5へ。

スクエア5（裏面から編むスクエア）
引き続きGBで、スクエア3の裏面を見ながら、スクエア3の端のすべり目から12目拾い、スクエア2から1目拾う。最後に拾った目にその前の目をかぶせる。
1段め（表面）：すべり目1、最後まで表編み。
2段め（裏面）：浮き目1、最後に1目残るまで表編み、（隣のスクエアの最終段の目と）右上2目一度。
1、2段めをあと10回編む。編み地は返さず、スクエア6へ。

スクエア6（裏面からの編み終わりのスクエア）
引き続きGBで、スクエア2の裏面を見ながら、スクエア2の端のすべり目から12目拾う。
1段め（表面）：すべり目1、最後まで表編み。
2段め（裏面）：浮き目1、最後に1目残るまで表編み、裏目1。
1、2段めをあと10回編む。
次に裏面の段を編む状態で、スクエア7へ。

スクエア7：GRに持ち替え、スクエア2の手順で編む。

スクエア8（表面から編むスクエア）
引き続きGRでスクエア6の表面を見ながら、スクエア6の端のすべり目から12目拾い、スクエア5から1目拾う。最後に拾った目にその前の目をかぶせる。
1段め（裏面）：浮き目1、最後に1目残るまで表編み、裏目1。
2段め（表面）：すべり目1、最後に1目残るまで表編み、（隣のスクエアの最終段の目と）右上2目一度。
1、2段めをあと10回編む。編み地は返さず、スクエア9へ。

スクエア9：スクエア8の手順をくり返す。
スクエア10：スクエア3の手順をくり返す。
スクエア11：GYに持ち替え、スクエア4の手順をくり返す。
スクエア12・13・14：スクエア5の手順をくり返す。
スクエア15：スクエア6の手順をくり返す
スクエア16：GBに持ち替え、スクエア2の手順をくり返す。
スクエア17・18・19：スクエア8の手順をくり返す。

Square 20 (Ending and BO square from WS)
Still using GB and with RS of Square 12, and PUK 12 sts
and 1 st from Square 11. Pass the 2nd from last st over the
last st.
Row 1 (WS): sl1 wyif, k to last st, p1.
Row 2 (RS): sl1 wyib, k until last st, skp.
Repeat Rows 1 & 2 ten more times. BO from WS.
Switch to GR when working the last st.

Square 21 (Starting square from WS by picking up sts)
With WS of Square 20 facing, sl1, PUK11 sts from the
selvedge slipped st of Square 20 and 1 st from Square 19.
Pass the 2nd from last st over the last st.
Row 1 (RS): sl1 wyib, k to end.
Row 2 (WS): sl1 wyif, k to last st, skp.
Repeat Rows 1 & 2 ten more times. Do not turn.
Cont to Square 22.

Cont in this manner, repeating the procedures for each type
of square and changing colors according to the color chart.

Square No.for each Square Type
Starting square from RS: 2, 7, 16, 26, 36, 46, 56, 66, 76, 86,
96, 106
Ending square from RS (no joining): 3, 10
Starting square from WS: 4, 11
WS squares: 5, 12, 13, 14, 22, 23, 24, 32, 33, 34, 42, 43,
44, 52, 53, 54, 62, 63, 64, 72, 73, 74, 82, 83, 84, 92, 93, 94,
102, 103, 104, 112, 113
Ending square from WS: 6, 15, 25, 35, 45, 55, 65, 75, 85,
95, 105
RS squares: 8, 9, 17, 18, 19, 27,28,29, 37, 38, 39, 47, 48,
49, 57, 58, 59, 67, 68, 69, 77, 78, 79, 87, 88, 89, 97, 98, 99,
107, 108, 109, 116
Ending and BO square from WS: 20, 30, 40, 50, 60, 70, 80,
90, 100, 110, 114, 117, 119, 120
Starting square from WS by PUK: 1, 31, 41, 51, 61, 71, 81,
91, 101, 111, 115, 118
Note:
Squares 114 and 119: Work 23 rows as for Square 5, and
end by BO from RS.
quare 115: PUK from RS.

After working the last square, fasten and weave in ends.
Pin edges to measurements and steam block.

スクエア20（裏面から伏せながら編み終わるスクエア）
引き続きGBで、スクエア12の表面を見ながら12目拾い、ス
クエア11から1目拾う。最後に拾った目にその前の目をかぶせ
る。
1段め（裏面）：浮き目1、最後に1目残るまで表編み、裏目1。
2段め（表面）：すべり目1、最後に1目残るまで表編み、（隣の
スクエアの最終段の目と）右上2目一度。
1、2段めをあと10回編む。裏面から伏せる。
※最後の目を編むときに次の色GRに替えて編む。

スクエア21（裏面から拾い目をして編みはじめるスクエア）
スクエア20の裏面の見ながら、すべり目1、スクエア20の端
のすべり目から11目拾い、スクエア19から1目拾う。最後に
拾った目にその前の目をかぶせる。
1段め（表面）：すべり目1、最後まで表編み。
2段め（裏面）：浮き目1、最後に1目残るまで表編み、（隣のス
クエアの最終段の目と）右上2目一度。
1、2段めをあと10回編む。編み地は返さず、スクエア22へ。

この要領で、各スクエアの種類を以下の表に従って編み、図を
参考に色替えしながら編む。

スクエア番号ごとのスクエアの種類
表面からの編みはじめのスクエア：2、7、16、26、36、
46、56、66、76、86、96、106
表面からの編み終わりのスクエア（つながないスクエア）：3、
10
裏面からの編みはじめのスクエア：4、11
裏面から編むスクエア：5、12、13、14、22、23、24、
32、33、34、42、43、44、52、53、54、62、63、
64、72、73、74、82、83、84、92、93、94、102、
103、104、112、113
裏面からの編み終わりのスクエア：6、15、25、35、45、
55、65、75、85、95、105
表面から編むスクエア：8、9、17、18、19、27、28、29、
37、38、39、47、48、49、57、58、59、67、68、69、
77、78、79、87、88、89、97、98、99、107、108、
109、116
裏面から伏せながら編み終わるスクエア：20、30、40、50、
60、70、80、90、100、110、※114、117、※119、120
裏面から拾い目をして編みはじめるスクエア：21、31、41、
51、61、71、81、91、101、111、※115、118
※スクエア114、119はスクエア5と同様に23段編み、表面
から伏せながら編み終わる。
スクエア115は表面から拾い目。
最後のスクエアを編み終わると、目を伏せ止めて糸始末をする。
寸法に合わせてピン打ちをして、スチームでブロッキングする。

75

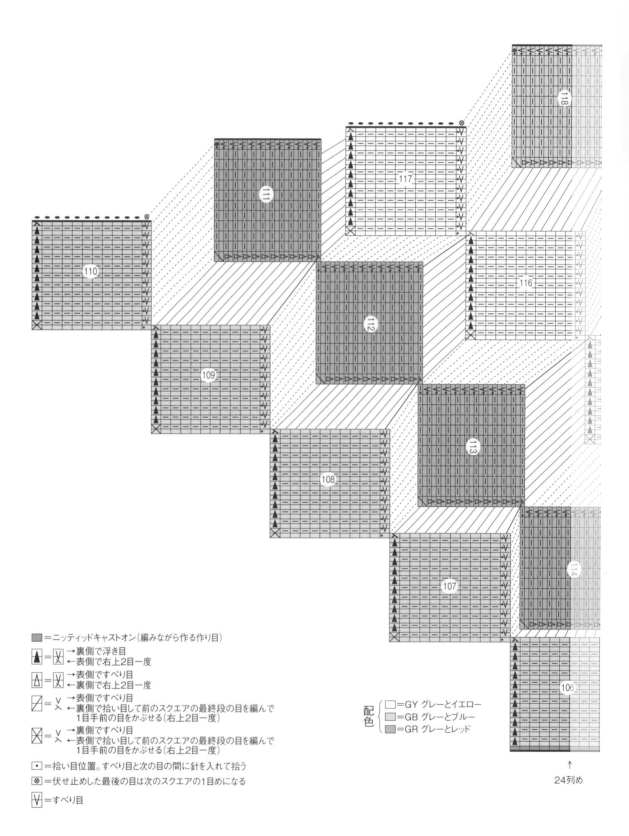

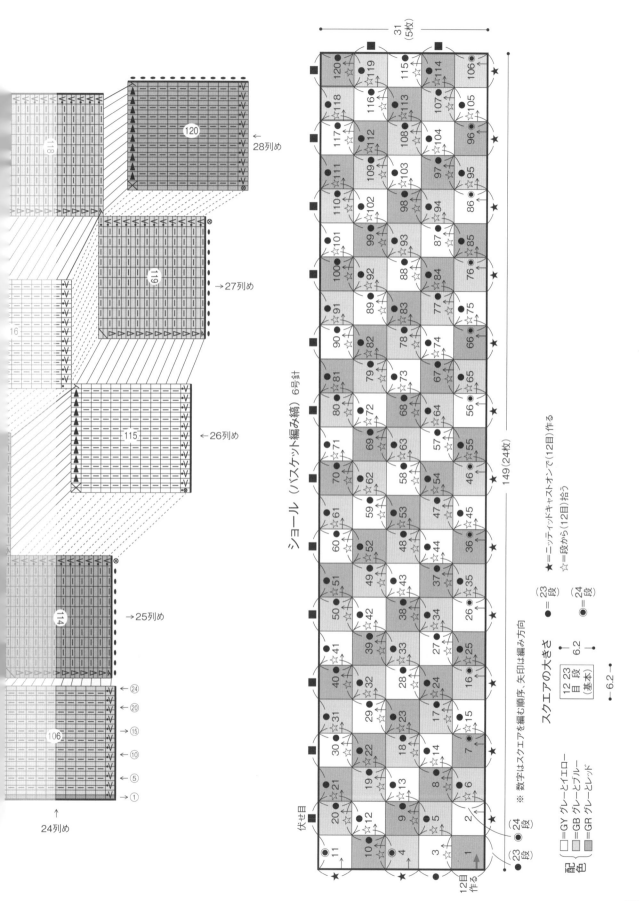

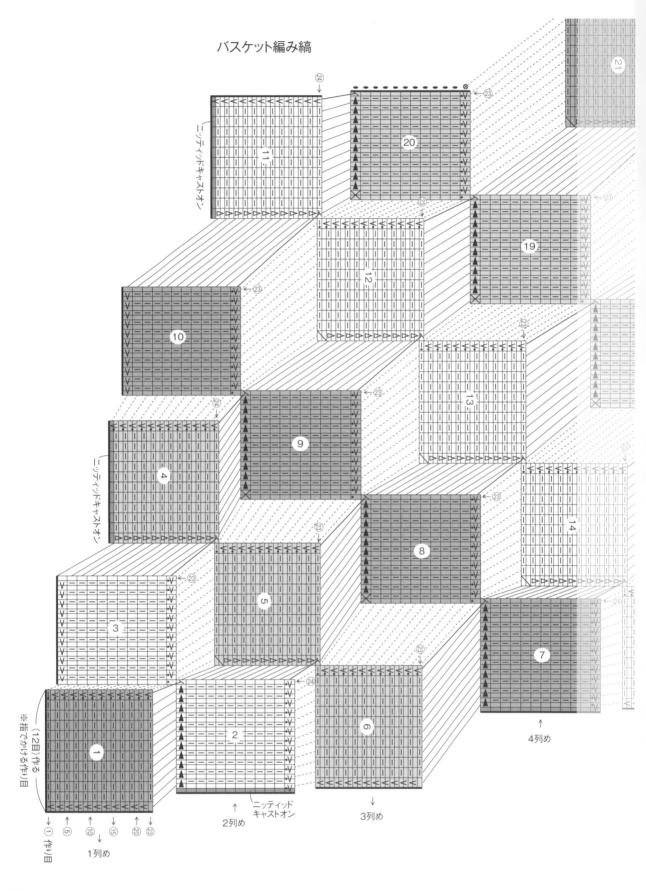

バスケット編み縞

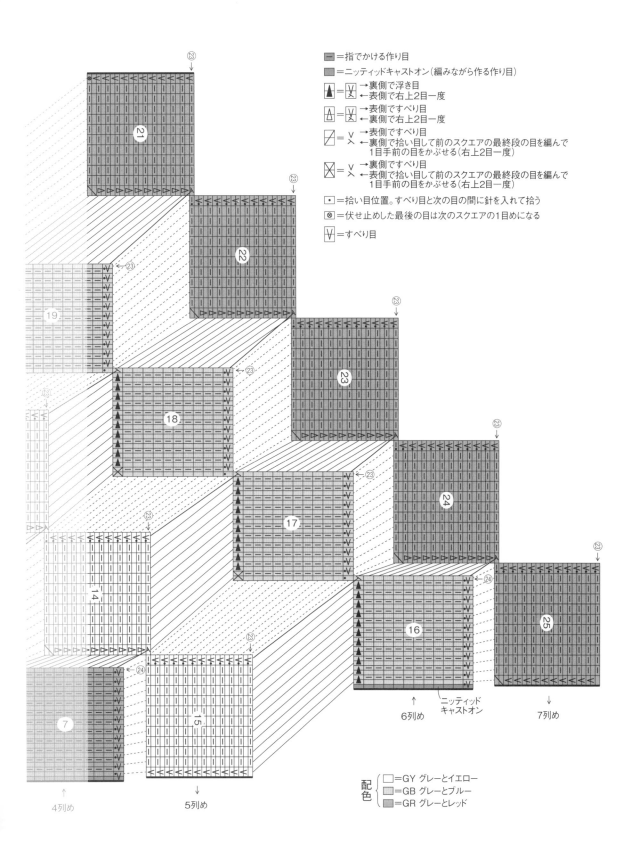

p.22 | *So Sweet* ソースィート

▶ Yarn

MC: Keito Comeback Col. gray (02) 80 g

CC1: Keito calamof Col. pink (6) 30 g, CC2: Calamof

Col. green (5) 30 g

▶ Needles

4.5 mm (JP #8) 80 cm circular needles

▶ Notions   waste yarn or stitch holder, yarn needle

▶ Gauge

12 sts, 37 rnds = = 10 cm x 10 cm in pattern stitch

▶ Finished measurements

Circumference 120 cm, Length 25 cm

This cowl is worked in the round beginning with a provisional cast on and garter stitch. Then two-color brioche stitch pattern sections are repeated.

The cowl is finished off by working i-cord bind off on both top and bottom edges.

▶ Special Abbreviations

sl1yo (slip 1 yarnover): With yarn in front, slip 1 st purlwise and make an yarn over at the same time overlapping the slipped stitch. This stitch will be counted as one stitch.

brk (brioche knit): Knit the stitch with two strands (the sl1yo worked on the previous round).

brp (brioche purl): Purl the stitch with two strands (the sl1yo worked on the previous round).

▶ INSTRUCTIONS

144 sts using a provisional CO method.

With 4.5 mm circular needles and MC, knit one row and join to work in the round for next rnd.

Next rnd: Purl to end.

Begin two-color brioche stitch pattern as follows:

NOTE: Do not cross or twist when switching yarns.

Rnd 1 CC1: (k1, sl1yo) to end.

Rnd 2 MC: (sl1yo, brp1) to end.

Rnd 3 CC1: (brk1, sl1yo) to end.

Rnd 4 MC: Rep Rnd 2 MC.

Rnds 5 to 12: Rep above Rnd 3 CC1 and Rnd 4 MC four more times. Cut CC1.

Rnd 13: With MC, (brk1, k1) to end. No more brioche sts.

Rnd 14: Cont with MC, purl to end.

Rnd 15 CC2: (sl1yo, k1) to end.

Rnd 16 MC: (brp1, sl1yo) to end.

Rnd 17 CC2: (sl1yo, brk1) to end.

Rnd 18 MC: Rep Rnd 16 MC.

Rnds 19 to 26: Rep above Rnd 17 CC2 and Rnd 18 MC four more times. Cut CC2.

▶ 使用糸

MC: Keito カムバック　グレー（02）80g、

CC1: Keito カラモフ　ピンク(6) 30g、CC2: グリーン(5) 30g

▶ 使用針

4.5mm（JP8号）80cm輪針

▶ その他の道具　別糸またはホルダー、とじ針

▶ ゲージ

12目、37段＝模様編み縞で10cm×10cm

▶ 仕上がり寸法

周囲：120cm、長さ：25cm

このカウルはあとからほどける作り目（別鎖の作り目など）で編み始め、ガーター編みを輪に編んでから、2色のブリオッシュ編みの模様をくり返し編む。

最後は上下の端にアイコードBOで仕上げる。

▶ 特別な略語

・sl1yo (slip 1 yarnover)「すべり目＋かけ目」：

糸を手前においた状態で、次の目をすべらせながら（右針を裏目を編むように入れて移す）と同時にかけ目をしてすべらせた目にかけ目を重ねる。この目は1目としてカウントする。

・brk (brioche knit)：

前段のsl1yo（「すべり目＋かけ目」）を表目に編む。

・brp (brioche purl)：

前段のsl1yo（「すべり目＋かけ目」）を裏目に編む。

▶ 編み方

あとからほどける作り目（別鎖の作り目など）で144目作る。

8号の輪針とMCで1段表編みをして、次段から輪に編めるように整える。

次段：最後まで裏編み。

ツーカラーブリオッシュ編みの模様編みを次のように編む：

※糸替えのときは糸を絡ませたり交差させたりしない。

1段めCC1：（表目1、sl1yo）を最後までくり返す。

2段めMC：（sl1yo、brp1）を最後までくり返す。

3段めCC1：（brk1、sl1yo）を最後までくり返す。

4段めMC：2段めMCと同様に編む。

5～12段め：上記の3段めCC1と4段めMCをあと4回くり返す。CC1を切る。

13段め：MCで（brk1、表目1）を最後までくり返す。「かけ目を重ねた2本の目」がなくなる。

14段め：MCで最後まで裏編み。

15段めCC2：（sl1yo、表目1）を最後までくり返す。

16段めMC：（brp1、sl1yo）を最後までくり返す。

17段めCC2：（sl1yo、brk1）を最後までくり返す。

18段めMC：16段めMCと同様に編む。

19～26段め：上記の17段めCC2と18段めMCをあと4回

Rnd 27: With MC, (k1, brk1) to end. No more brioche sts.
Rnd 28: Cont with MC, purl to end.
Rep Rnds 1 to 28 two more times.

After working the last rnd, bind off using i-cord BO method as follows:
With MC, CO 3 sts onto LH needle using the Knitted CO method.
*k2, k2tog tbl (last CO st and first st on working needle).
Slip first 3 sts on RH needle back to LH needle.*
Rep from * to * until all sts are BO and three i-cord sts rem. Graft remaining sts to the three CO sts at the beginning of rnd.

Remove provisional CO and slip sts from CO edge to working needle. Attach MC, CO 3 sts onto LH needle using the Knitted CO method and bind off using the i-cord BO method in the same way.
Weave in ends and block lightly.

くり返す。CC2を切る。
27段め：MCで、(表目1、brk1)を最後までくり返す。
「かけ目を重ねた2本の目」がなくなる。
28段め：MCで最後まで裏編み。
1〜28段めをあと2回くり返す。

最後の段（裏編みの段）を編んだあと、次のようにアイコードBOで止める：
MCでニッティッドキャストオンの方法で左針先に3目作る。
【表目2、ねじり目の右上2目一度（作り目をした3目めと本体の1目め）。右針の3目を左針に戻す。】
【〜】の手順をアイコードの3目だけになるまでくり返す。
残りの3目を最初に作り目をした3目とはぎ合わせる。

別鎖をほどいて編み始めの編み目を編み針に移し、MCの糸をつけてニッティッドキャストオンの方法で左針先に3目作る。
あとは同様の手順でアイコードBOで止める。
糸始末をして軽くブロッキングする。

アイコードバインドオフ

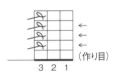

- ニッティッドキャストオン（編みながら作る作り目）で左針先に作る
- ねじり目の右上2目一度は本体の最終段、または作り目のシンカーループと2目一度に編む

模様編み縞

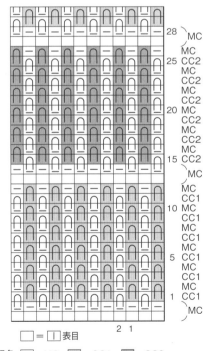

□ = | 表目
配色 □ = MC、▨ = CC1、■ = CC2

ねじり目の右上2目一度

❶ 矢印のように2目に針を入れ、一度に編む。

❷ ねじり目の右上2目一度が編めた。

81

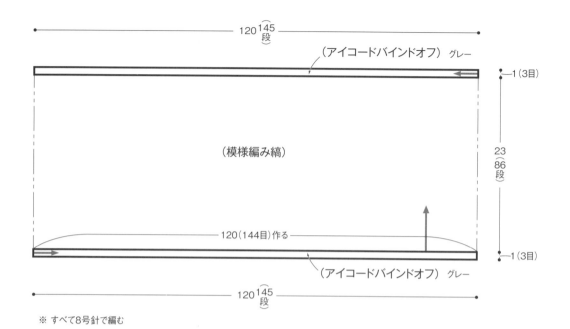
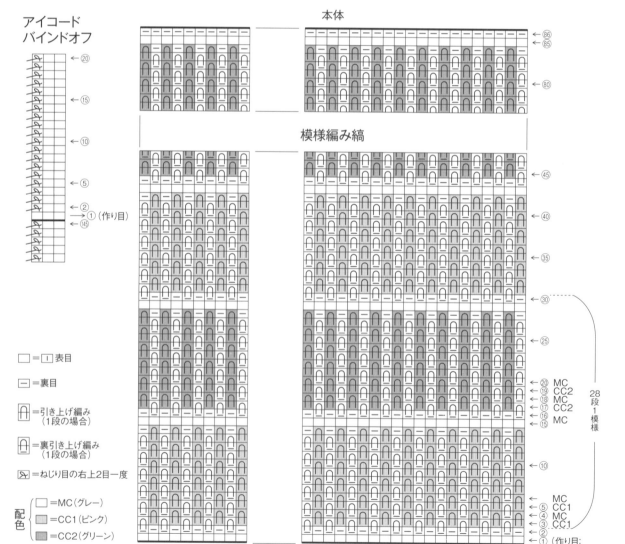

p.20 | **Mushroom** マッシュルーム

▶ **Yarn**

DARUMA Shetland Wool Col. Oatmeal (2) 55 g

▶ **Needles**

3.9 mm (JP #6) 80 cm circular needles

▶ **Notions**　Waste yarn, crochet hook

▶ **Gauge**

23 sts, 32.5 rows = 10 cm x 10 cm in pattern stitch

▶ **Finished measurements**

Neck circumference: 26 cm, Width (along bottom edge): 82cm, Length: 17 cm, Tie: 40 cm (adjustable)

This collar is worked top-down by increasing sts within the pattern stitch.

I-cord BO is worked along the top edge by removing chain stitches from the provisional CO.

▶ **INSTRUCTIONS**

With waste yarn and crochet hook, CO 60 sts using the Provisional Crochet Chain CO method.

Knit 3 rows. Begin pattern stitch as follows:

Row 1: k2, *k3, (k1, p1) into next st, k3; rep from * until 2 sts rem, k2. (68 sts)

Row 2: k2, rep (k3, p2, k3), until 2 sts rem, k2.

Row 3: K to end.

Row 4: Rep Row 2.

Row 5: k2, rep (k4, yo, k4) until 2 sts rem, k2. (76 sts)

Row 6: k2, rep (k3, p3, k3), until 2 sts rem, k2.

Row 7: K to end.

Row 8: Rep Row 6.

Rows 9 & 10: K to end.

Row 11: k2, *k4, (k1, p1, k1) into next st, k4; rep from * until 2 sts rem, k2. (92 sts)

Row 12: k2, rep (k3, p5, k3) until 2 sts rem, k2.

Row 13: K to end.

Row 14: Rep Row 12.

Rows 15 & 16: K to end.

Row 17: k2, *k3, k2tog, [(k1, p1) twice, k1] into next st, ssk, k3; rep from * until 2 sts rem, k2. (108 sts)

Row 18: k2, rep (k3, p7, k3) until 2 sts rem, k2.

Row 19: K to end.

Row 20: Rep Row 18.

Rows 21 & 22: K to end.

Row 23: k2, *k3, k2tog, k1 [(k1, p1) twice, k1] into next st, k1, ssk, k3; rep from * until 2 sts rem, k2. (124 sts)

Row 24: k2, rep (k3, p9, k3) until 2 sts rem, k2.

Row 25: k2, *k3, k2tog, yo, k5, yo, ssk, k3; rep from * until 2 sts rem, k2.

Row 26: Rep Row 24.

▶ **使用糸**

DARUMA　シェットランドウール　オートミール（2）55g

▶ **使用針**

3.9mm（JP6号）80cm輪針

▶ **その他の道具**　別糸、かぎ針（作り目用）

▶ **ゲージ**

23目、32.5段＝模様編みで10cm×10cm

▶ **仕上がり寸法**

首回り:26cm、下端:82cm、長さ:17cm、ひも:40cm（調節可能）

このつけ衿はトップダウンに編み、模様編みをしながら増し目をして編み広げる。

結びひもとしてアイコードを編み、その続きで本体の別鎖の作り目をほどいて、アイコードバインドオフで止めている。

▶ **編み方**

かぎ針で棒針に編みつける方法で別鎖の作り目を60目作る。

表編みで3段編む。次段から模様編みをはじめる:

1段め:表目2、*表目3、次の目に（表目1、裏目1）を編み入れ、表目3*、最後に2目残るまで*〜*をくり返し、表目2。（68目）

2段め:表目2、最後に2目残るまで（表目3、裏目2、表目3）をくり返し、表目2。

3段め:最後まで表編み。

4段め:2段めの手順をくり返す。

5段め:表目2、最後に2目残るまで（表目4、かけ目、表目4）をくり返し、表目2。（76目）

6段め:表目2、最後に2目残るまで（表目3、裏目3、表目3）をくり返し、表目2。

7段め:最後まで表編み。

8段め:6段めの手順をくり返す。

9・10段め:最後まで表編み。

11段め:表目2、*表目4、次の目に（表目1、裏目1、表目1）を編み入れ、表目4*、最後に2目残るまで*〜*をくり返し、表目2。（92目）

12段め:表目2、最後に2目残るまで（表目3、裏目5、表目3）をくり返し、表目2。

13段め:最後まで表編み。

14段め:12段めの手順をくり返す。

15・16段め:最後まで表編み。

17段め:表目2、*表目3、左上2目一度、次の目に[（表目1、裏目1）を2回、表目1]を編み入れ、右上2目一度、表目3*、最後に2目残るまで*〜*をくり返し、表目2。（108目）

18段め:表目2、最後に2目残るまで（表目3、裏目7、表目3）をくり返し、表目2。

19段め:最後まで表編み。

20段め:18段めの手順をくり返す。

21・22段め:最後まで表編み。

Rows 27 & 28: K to end.

Row 29: k2, *k3, k2tog twice, [(k1, p1) three times, k1] into next st, ssk twice, k3; rep from * until 2 sts rem, k2. (140 sts)

Row 30: k2, rep (k3, p11, k3) until 2 sts rem, k2.

Row 31: k2, *k3, k2tog, yo, k7, yo, ssk, k3; rep from * until 2 sts rem, k2.

Row 32: Rep Row 30.

Rows 33 & 34: K to end.

Row 35: k2, *k3, k2tog twice, k1, [(k1, p1) three times, k1] into next st, k1, ssk twice, k3; rep from * until 2 sts rem, k2. (156 sts)

Row 36: k2, rep (k3, p13, k3) until 2 sts rem, k2.

Row 37: k2, *k3, k2tog, yo, k9, yo, ssk, k3; rep from * until 2 sts rem, k2.

Row 38: Rep Row 36.

Rows 39 & 40: K to end.

Row 41: k2, *k3, k2tog three times, [(k1, p1) four times, k1] into next st, ssk three times, k3; rep from * until 2 sts rem, k2. (172 sts)

Row 42: k2, rep (k3, p15, k3) until 2 sts rem, k2.

Row 43: k2, *k3, k2tog, yo, k11, yo, ssk, k3; rep from * until 2 sts rem, k2.

Row 44: Rep Row 42.

Rows 45 & 46: K to end.

Row 47: k2, *k3, k2tog three times, k1, [(k1, p1) four times, k1] into next st, k1, ssk three times, k3; rep from * until 2 sts rem, k2. (188 sts)

Row 48: k2, rep (k3, p17, k3) until 2 sts rem, k2.

Row 49: k2, *k3, (k2tog, yo) twice, k9, (yo, ssk) twice, k3; rep from * until 2 sts rem, k2.

Row 50: Rep Row 48.

Row 51: K to end.

BO knitwise from WS.

Make I-cord

With 3.9 mm needles, CO 3 sts.

*Slip the three sts on RH needle to LH needle and k3.

Without turning work, repeat from * 75 times (approx. 40 cm) or until desired length.

Now, remove provisional chain from CO edge and slip live sts onto LH needle.

With the RS of the collar facing, and with I-cord on RH needle, slip the three I-cord sts on to LH needle (next to the first st on LH needle). Then work I-cord BO until all sts from collar are BO and only the three I-cord sts rem.

Cont working I-cord for 75 times (approx. 40 cm) or until it

23 段め:表目 2、*表目 3、左上 2 目一度、表目 1、次の目に[(表目 1、裏目 1)を 2 回編み、表目 1]を編み入れ、表目 1、右上 2 目一度、表目 3*、最後に 2 目残るまで*〜*をくり返し、表目 2。(124 目)

24 段め:表目 2、最後に 2 目残るまで(表目 3、裏目 9、表目 3)をくり返し、表目 2。

25 段め:表目 2、*表目 3、左上 2 目一度、かけ目、表目 5、かけ目、右上 2 目一度、表目 3*、最後に 2 目残るまで*〜*をくり返し、表目 2。

26 段め:24 段めの手順をくり返す。

27・28 段め:最後まで表編み。

29 段め:表目 2、*表目 3、左上 2 目一度を 2 回編み、次の目に[(表目 1、裏目 1)を 3 回、表目 1]を編み入れ、右上 2 目一度を 2 回、表目 3*、最後に 2 目残るまで*〜*をくり返し、表目 2。(140 目)

30 段め:表目 2、最後に 2 目残るまで(表目 3、裏目 11、表目 3)をくり返し、表目 2。

31 段め:表目 2、*表目 3、左上 2 目一度、かけ目、表目 7、かけ目、右上 2 目一度、表目 3*、最後に 2 目残るまで*〜*をくり返し、表目 2。

32 段め:30 段めの手順をくり返す。

33・34 段め:最後まで表編み。

35 段め:表目 2、*表目 3、左上 2 目一度を 2 回編み、表目 1、次の目に[(表目 1、裏目 1)を 3 回、表目 1]を編み入れ、表目 1、右上 2 目一度を 2 回編み、表目 3*、最後に 2 目残るまで*〜*をくり返し、表目 2。(156 目)

36 段め:表目 2、最後に 2 目残るまで「表目 3、裏目 13、表目 3」をくり返し、表目 2。

37 段め:表目 2、*表目 3、左上 2 目一度、かけ目、表目 9、かけ目、右上 2 目一度、表目 3*、最後に 2 目残るまで*〜*をくり返し、表目 2。

38 段め:36 段めの手順をくり返す。

39・40 段め:最後まで表編み。

41 段め:表目 2、*表目 3、左上 2 目一度を 3 回編み、次の目に[(表目 1、裏目 1)を 4 回、表目 1]を編み入れ、右上 2 目一度を 3 回編み、表目 3*、最後に 2 目残るまで*〜*をくり返し、表目 2。(172 目)

42 段め:表目 2、最後に 2 目残るまで(表目 3、裏目 15、表目 3)をくり返し、表目 2。

43 段め:表目 2、*表目 3、左上 2 目一度、かけ目、表目 11、かけ目、右上 2 目一度、表目 3*、最後に 2 目残るまで*〜*をくり返し、表目 2。

44 段め:42 段めの手順をくり返す。

45・46 段め:最後まで表編み。

47 段め:表目 2、*表目 3、左上 2 目一度を 3 回編み、表目 1、次の目に[(表目 1、裏目 1)を 4 回、表目 1]を編み入れ、表目 1、右上 2 目一度を 3 回編み、表目 3*、最後に 2 目残るまで*

becomes the same length as the I-cord already worked on the other side.   BO.
Weave in ends and steam block lightly.
Make a knot on both ends of the I-cord.

〜＊をくり返し、表目2。（188目）
48段め：表目2、最後に2目残るまで（表目3、裏目17、表目3）をくり返し、表目2。
49段め：表目2、＊表目3、（左上2目一度、かけ目）を2回編み、表目9、（かけ目、右上2目一度）を2回編み、表目3＊、最後に2目残るまで＊〜＊をくり返し、表目2。
50段め：48段めの手順をくり返す。
51段め：最後まで表編み。
裏面で表編みをして伏せ止めにする。

アイコードを編む
6号針に指でかける作り目で3目作る。
＊右針にかかった3目を左針に移し、表目3。＊
編み地を返さず、＊〜＊の手順を75回（約40cm）または好みの長さになるまでくり返す。
本体の作り目側の別鎖をほどき、別針（左針になる）に編み目を移す。
表面から、右針のアイコードの3目を左針先（本体の1目めの右側）に移し、アイコードバインドオフの方法で本体の編み目をすべて止め、アイコードの3目だけになるまで続ける。

先の＊〜＊のアイコードの手順を75回続けて（アイコードが約40cmになるまで）または先に編んだコードの長さと同じになるまで編む。伏せ止める。
糸始末をして、軽くスチームを当てる。アイコードの両端に結び目を作る。

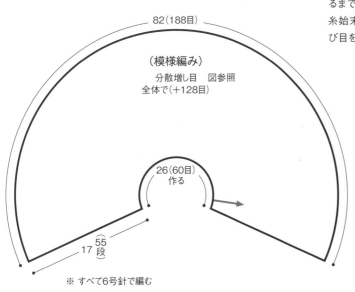

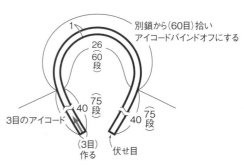

アイコードとアイコードバインドオフ

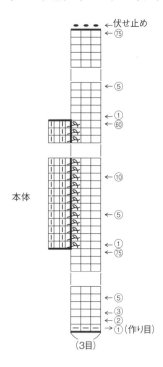

□ = ① 表目

− = 裏目

○ = かけ目

⊼ = 右上2目一度

⊼ = 左上2目一度

☑ = 1目に2目編み入れる増し目

☑ = 3目の編み出し増し目

☑ = 5目の編み出し増し目

☑ = 7目の編み出し増し目

☑ = 9目の編み出し増し目

86

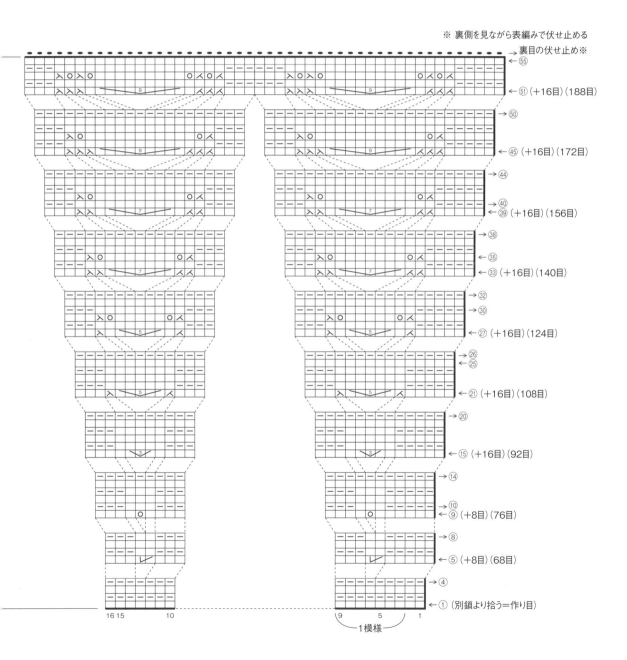

p.24 | *DENIM* デニム

▶ Yarn
Keito Comback MC: Col. brown (03) 50 g, CC: Col. blue (07) 55 g

▶ Needles
4.5 mm (JP #8) 80 cm circular needles

▶ Notions
Waste yarn or stitch holder, spare needle for Three Needle BO (or crochet hook for Slip St BO), yarn needle

▶ Gauge
20 sts, 38 rows = 10 cm x 10 cm in pattern stitch

▶ Finished measurements
Total length: 40.5 cm, Width 22.5 cm

This balaclava is worked sideways beginning from the front garter stitch edges, and then worked in pattern stitch.

The piece is then folded in half along the top and joined at the back. Ribbing worked in the round by picking up stitches along the bottom edge.

▶ INSTRUCTIONS
With MC, CO 130 sts using the Long Tail CO method.

Knit four rows, ending with WS row.

Begin working pattern stitch as follows:

Rows 1, 3, 5: With CC, k1, *sl1 purlwise wyib, k6, sl1 purlwise wyib; rep from * until last st, k1.

Rows 2, 4, 6: With CC, k1, *sl1 purlwise wyif, p6, sl1 purlwise wyif; rep from * until last st, k1.

Rows 7 & 8: With MC, knit to end.

Rows 9, 11, 13: With CC, k1, *k3, sl2 purlwise wyib, k3; rep from * until last st, k1.

Rows 10, 12, 14: With CC, k1, *p3, sl2 purlwise wyif, p3; rep from * until last st, k1.

Rows 15 &16: With MC, knit to end.

Rep Rows 1 to 16 three more times and Rows 1 to 8 once more, but work the last row as follows:

Last row (Row 8): k57, BO 16 sts, k to end.

Cont working Row 9 of pattern stitch as follows with the first 57 sts:

RS row: k1, *k3, sl2 purlwise wyib, k3; rep from * and M1 using backward loop CO. (58 sts)

Work remaining rows of pattern stitch (Rows 10 to 16).

After working Row 16, cut yarn and leave these sts on hold on a holder or waste yarn.

With RS facing, attach yarn to the remaining 57 sts on the other side of the BO sts and work Row 9 of pattern stitch as follows:

▶ 使用糸
Keito カムバック　MC：ブラウン（03）50g、CC：ブルー（07）55g

▶ 使用針
4.5mm（JP8号）80cm輪針

▶ その他の道具
別糸またはホルダー、かぎ針、予備の棒針（引き抜き止め用）、とじ針

▶ ゲージ
20目、38段＝模様編み縞で10cm×10cm

▶ 仕上がり寸法
総丈：40.5cm、幅：22.5cm

このバラクラバは顔周りのガーター編みの縁編みから編み始め、横方向に模様編みを編み、そのあと、頭頂部で編み地を半分に折り、後頭部ではぎ合わせる。裾のリブ編みは下端から拾い目をして輪に編む。

▶ 編み方
本体
MCで指でかける作り目の方法で130目作る。

表編みで4段編む。最後の段は裏面の段になる。

次のように模様編みを編む。

1、3、5段め：CCで、表目1、*すべり目1、表目6、すべり目1；最後に1目残るまで*〜；をくり返し、表目1。

2、4、6段め：CCで、表目1、*浮き目1、裏目6、浮き目1；最後に1目残るまで*〜；をくり返し、表目1。

7・8段め：MCで最後まで表編み。

9、11、13段め：CCで、表目1、*表目3、すべり目2、表目3；最後に1目残るまで*〜；をくり返し、表1。

10、12、14段め：CCで、表目1、*裏目3、浮き目2、裏目3；最後に1目残るまで*〜；をくり返し、表1。

15・16段め：MCで、最後まで表編み。

1〜16段めをあと3回くり返し、1〜8段めをもう一度編むが、最後の段（8段め）を次のように編む。

最後の段（8段め）：表目57、16目伏せ、最後まで表編み。

表面から最初の57目を、模様の9段めで次のように編む。

表面：表目1、*表目3、すべり目2、表目3；最後まで*〜；をくり返し、巻き増し目1。（58目になる）

続けて模様編みの10段めから16段めまで編む。16段めを編んだあと、糸を切り、編み目を別糸またはホルダーに移して休ませておく。

続けて表面から伏せ目の反対側の57目を編むために糸をつけ、模様の9段めで次のように編む：

表面：巻き増し目1、*表目3、すべり目2、表目3；最後に1目残るまで*〜；をくり返し、表目1。（58目になる）

続けて模様編みの10段めから16段めまで編む。

RS row: M1 using backward loop CO, *k3, sl2 purlwise wyib, k3; rep from * until last st, k1. (58 sts)
Work remaining rows of pattern stitch (Rows 10 to 16).
After working Row 16, leave yarn attached.
Slip the first 58 held sts onto a separate needle and with RS of work facing each other, join the two set of sts together using three-needle BO. Then graft the BO edge and the sides of the last eight rows worked after the BO together.

Ribbing
With the folded top of piece towards you, place the three garter ridges on the right side over the three garter ridges on the left, so that the ribbing can be worked in the round.
Begin to pick up and knit a total of 84 sts along the bottom side of piece. This would be approx. 8 sts from every pattern repeat plus additional 4 sts (2 sts from garter st section and 2 sts from BO section).
Note: Be sure to pick up sts from the front garter stitch edging with the two layers on top of one another.
Work in 1x1 (k1, p1) ribbing for 19 rnds (8 cm) or desired length.

NOTE: The following edging is optional. The ribbing can be worked longer and BO in rib.

Beginning with a knit st column:
Edging rnd 1: *(k1, yo, k1) into the k st three rows below, p1, k1, p1*, rep from * to * until end.
Edging rnd 2: Rep (k3, p1, k1, p1) to end.
Rep last rnd once more.
BO purlwise. Weave in ends. Wet block and dry flat.

16段めを編んだあと、糸を切らずに、先の58目を別針に移し、58目ずつを中表に合わせて引き抜きはぎで合わせる。
編み地の途中で伏せた目とその両側に編んだ8段分、段の部分をはぎ合わせる。

裾のリブ編み
頭頂部を手前にして、顔周りのガーター編み部分を右側が上になるように重ねて、リブ編みを輪に編めるようにする。この状態で編み地の端から合計84目拾う（1模様から8目ずつ＋ガーター編み部分から2目＋引き抜きはぎ部分から2目）。
※ガーター編みの縁編み部分は編み地を重ねた状態で拾う。
1目ゴム編み（表目1、裏目1）を19段（8cm）または好みの長さになるまで編む。

注記：下記の縁編みは好みで。このままリブ編み部分を長く編んで表目は表目、裏目は裏目に編みながら伏せてもよい。

縁編みは次のように1目ゴム編みの表目から編みはじめる：
縁編み1段め：*次の目の3段下の表目に（表目1、かけ目、表目1）を編み入れ、裏目1、表目1、裏目1；*～；を最後までくり返す。
縁編み2段め：（表目3、裏目1、表目1、裏目1）を最後までくり返す。
最後の段をもう一度編む。
裏編みをしながら伏せ止めにする。
糸始末をしたあと、水通しをして、平干しする。

※ Three Needle BO ＝棒針で編む引き抜き止め

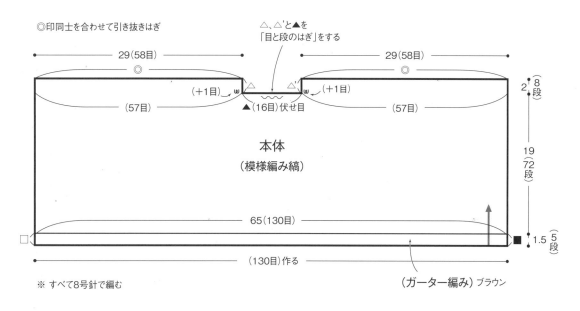

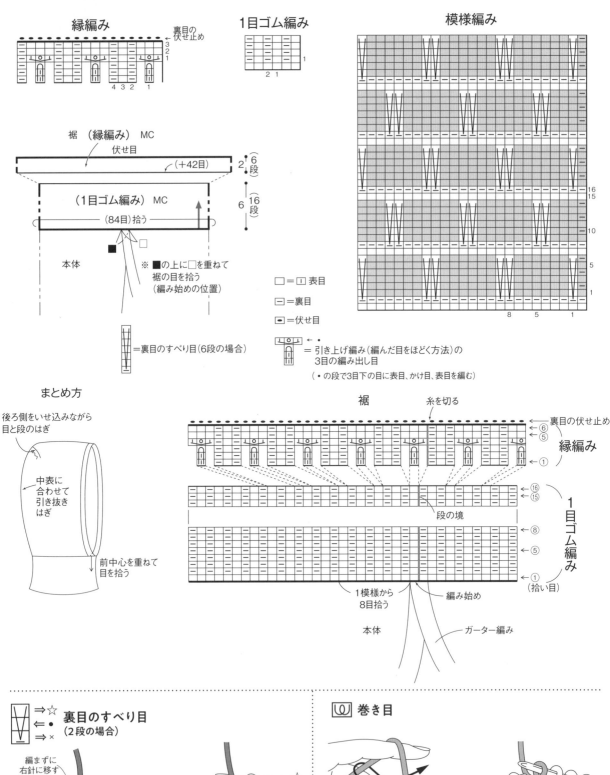
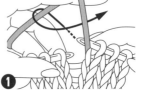

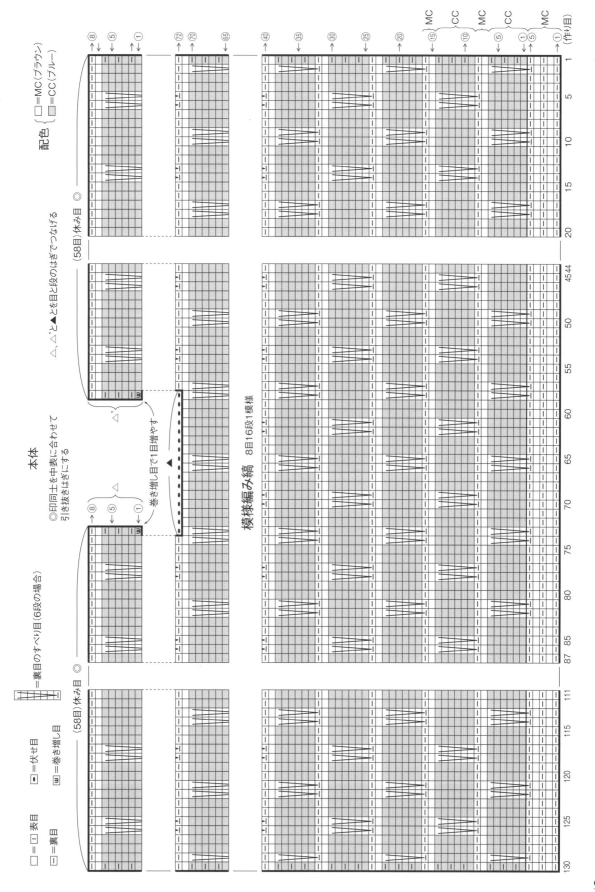

Basic Technique Guide

作り目

スリップノット

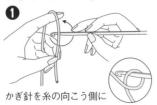

❶ かぎ針を糸の向こう側にあて、矢印の方向に回す。

❷ 交差したところを指で押さえ、かぎ針に糸をかける。

❸ かけた糸を輪の中から引き出す。

❹ 糸端を引いて輪を引き締める。これをスリップノットとよぶ。

指でかける作り目
一般的な作り目。伸縮性があり、薄くできるので、そのまま端として使える。

❶ 糸端は、編む幅の約3倍をとる。

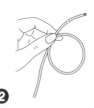

❷ 輪を作り、左手で交点を押さえる。

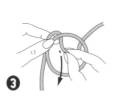

❸ 輪の中から糸端を引き出す。

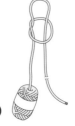

❹ 引き出した糸で、小さい輪を作る。

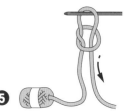

❺ 小さい輪の中に棒針を入れ、両方の糸を引いて輪を縮める。

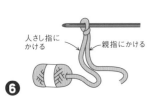

❻ 1目できた。短い糸を親指に、長い糸を人さし指にかける。

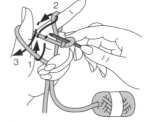

❼ 針先を1,2,3の矢印の順に動かして、棒針に糸をかける。

❽ 1,2,3の順に糸をかけたところ。目と目の間は8mmくらいあけながら作り目する。

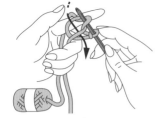

❾ 親指をいったんはずし、矢印のように親指を入れ直す。

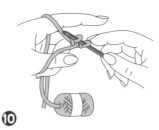

❿ 親指を入れ直して引き締めたところ。2目めができた。

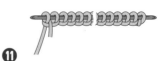

⓫ 必要目数を作る。目と目の間が詰まりすぎないように注意。

基本の編み目

| 表目

❶ 糸を向こう側に置き、右針を手前から入れる。

❷ 糸をかけて手前に引き出す。

❸ 表目が編めた。

ー 裏目

❶ 糸を手前に置き、右針を向こう側から入れる。

❷ 糸をかけて矢印のように引き出す。

❸ 裏目が編めた。

かけ目	 ❶ 右針に手前から向こう側に糸をかける。	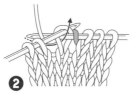 ❷ 次の目を編む。	 ❸ かけ目ができた。1目増えた。	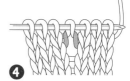 ❹ 次の段を編んで表から見たところ。
右上 2目一度	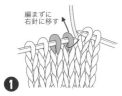 ❶ 右側の目を編まずに右針に移す。	 ❷ 左側の目を表目で編む。	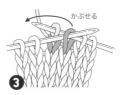 ❸ 右針に移しておいた目を編んだ目にかぶせる。	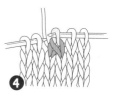 ❹ 右上2目一度が編めた。
左上 2目一度	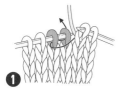 ❶ 2目の左側から一度に右針を入れる。	 ❷ 針を入れたところ。	 ❸ 2目を一緒に表目で編む。	❹ 左上2目一度が編めた。
右上 3目一度	 ❶ 右側の目を編まずに右針に移す。	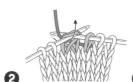 ❷ 左側の2目に針を入れて表目で編む。	 ❸ 右針に移しておいた目を編んだ目にかぶせる。	 ❹ 右上3目一度が編めた。
左上 3目一度	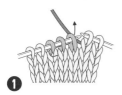 ❶ 右側の3目に矢印のように針を入れる。	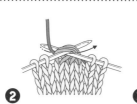 ❷ 右針に糸をかけて引き出す。	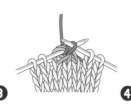 ❸ 3目をいっしょに表目で編む。	 ❹ 左上3目一度が編めた。
中上 3目一度	 ❶ 右側の2目を編まずに右針に移す。	 ❷ 次の目に針を入れて表目で編む。	 ❸ 右針に移しておいた2目を編んだ目にかぶせる。	 ❹ 中上3目一度が編めた。

Knit & Crochet Dictionary

文章パターンで編むための
編み物用語辞典

洋服の寸法 Measurements & Parts …95

棒針、かぎ針の太さ対応表 …96

糸の太さ対応表 …96

用語集 …97〜

洋服の寸法
Garment Measurements

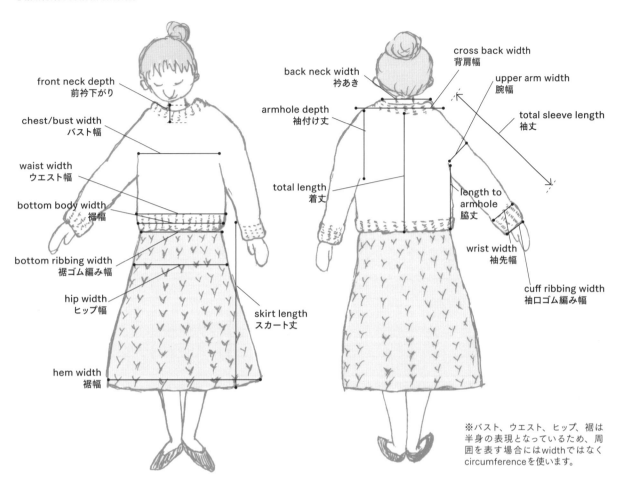

※バスト、ウエスト、ヒップ、裾は半身の表現となっているため、周囲を表す場合にはwidthではなくcircumferenceを使います。

カーディガン / Cardigan

靴下 / Socks

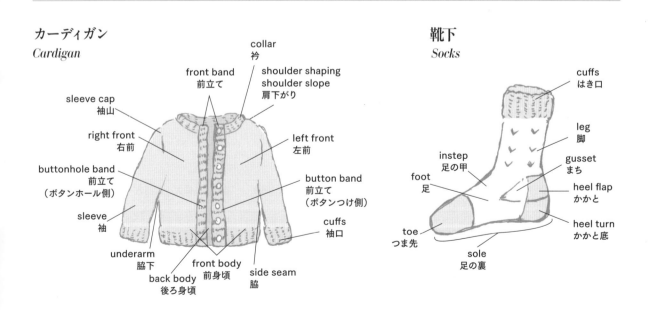

棒針の太さ対応表

ミリメートル	日本	US	UK
1.25	-	-	16
1.50	-	-	15
2.00	-	0	14
2.10	0	-	-
2.25	-	1	13
2.40	1	-	-
2.50	-	$1\frac{1}{2}$	-
2.70	2	-	-
2.75	-	2	12
3.00	3	$2\frac{1}{2}$	11
3.25	-	3	10
3.30	4	-	-
3.50	-	4	-
3.60	5	-	-
3.75	-	5	9
3.90	6	-	-
4.00	-	6	8
4.20	7	-	-
4.50	8	7	7
4.80	9	-	-

ミリメートル	日本	US	UK
5.00	-	8	6
5.10	10	-	-
5.40	11	-	-
5.50	-	9	5
5.70	12	-	-
6.00	13	10	4
6.30	14	-	-
6.50	-	$10\frac{1}{2}$	3
6.60	15	-	-
7.00	7mm	-	2
7.50	-	-	1
8.00	8mm	11	0
9.00	9mm	13	00
10.00	10mm	15	000
12.00	12mm	-	-
12.75	-	17	-
15.00	15mm	19	-
19.00	-	35	-
20.00	20mm	-	-
25.00	25mm	50	-

かぎ針の太さ対応表

ミリメートル	日本	US	UK
2.00	2/0	-	14
2.25	-	B-1	13
2.50	4/0		
2.75	-	C-2	12
3.00	5/0	-	11
3.25	-	D-3	10
3.50	6/0	E-4	9
3.75	-	F-5	-
4.00	7/0	G-6	8
4.50	7.5/0	7	7
5.00	8/0	H-8	6
5.50	9/0	J-9	5
6.00	10/0	J-10	4
6.50	-	$K-10\frac{1}{2}$	3
7.00	7mm	-	2
7.50	-	-	1
8.00	8mm	L-11	0
9.00	9mm	M/N-13	00
10.00	10mm	N/P-15	000
12.00	12mm	O/16	-
15.00	15mm	P/Q	-
16.00	-	Q	-
19.00	-	S-35	-

糸の太さ対応表

表示カテゴリ名	0 Lace	1 Super Fine	2 Fine	3 Light	4 Medium	5 Bulky	6 Super Bulky	7 Jumbo
対象となる糸	Light Fingering, Cobweb, Laceweight, 1ply, 2ply	Sock, Fingering, Baby, 3ply, 4ply	Sport, Baby, Light DK, 5ply	DK, Light Worsted, 8ply	Worsted, Afgan, Aran, 10ply	Chunky, Craft, Rug, 12ply	Bulky, Roving, Super Chunky	Jumbo, Roving
日本の名称	極細	合細、中細	中細、合太	合太、並太	並太、極太	極太、超極太	超極太	超極太
棒針※	1.5-2.25mm	2.25-3.25mm	3.25-3.75mm	3.75-4.5mm	4.5-5.5mm	5.5-8mm	8-12.75mm	12.75mm以上
かぎ針	レース針	2.25-3.25mm	3.5-4.5mm	4.5-5.5mm	5.5-6.5mm	6.5-9mm	9-15mm	15mm以上

※棒針の太さは標準的なゲージを想定しています。編み地や作品によっては針の太さが該当しない場合もあります。

英文パターンを編むための用語集

技法やよく見る表現をまとめました。編み物のお供にお役立てください。

	棒／かぎ	略語	略す前の単語／手順	日本語	編み目記号
a		alt	alternate	交互に、一つおきに	
			above	〜の上、〜の上にある	
	かぎ		adjustable loop	わの作り目（= adjustable ring）	
			applied i-cord bind off	後から編みつけるアイコード	
		approx	approximately	約、おおよそ	
			armhole depth	腕つけ回り、袖つけ丈	
		as est	as established	今まで編んできた編み地の通りに	
			asymmetric	左右非対称	
b			back and forth	往復する　例：work back and forth = 往復編み	
			back body	後ろ身頃	
	かぎ	blo	back loop only	前段の目の向こう側半目に針先を入れて編む	
			back neck	後ろ衿ぐり	
			back neck depth	背丈	
			back of hand	手の甲	
	かぎ	bpdc	back post double crochet	長編みの裏引き上げ編み目（米） 細編みの裏引き上げ編み目（英）	∫（米）∫（英）
	かぎ	bpsc	back post single crochet	細編みの裏引き上げ編み目	∫（米）
	かぎ	bptr	back post treble crochet	長々編みの裏引き上げ編み目 （米）／長編みの裏引き上げ編み目（英）	∫（米）∫（英）
			backing button	力ボタン	
			back side	後ろ側	
			backstitch	半返し縫い	
	棒		backward loop cast on	巻き目、巻き増し目	ⓦ
			before	〜の前、〜の手前	
		beg	begin	はじめる	
		BOR	beginning of round ／ BOR	（輪編みの場合の）段の始まり	
			behind	後ろ、後ろにある	
			below	〜の下、〜の下にある	
		bet	between	間、〜の間	
	棒	BO	bind off	伏せる、伏せ止め	●
			border	縁編み	
			bottom-up	下から上（編み方向）	
			break yarn	糸を切る	
			button band	前立て（ボタンつけ側）	
			buttonhole band	前立て（ボタンホール側）	
			buttons	ボタン	

	棒／かぎ	略語	略す前の単語／手順	日本語	編み目記号
c	棒		cable cast on	編みながら作る作り目（※）	
	棒	cn	cable needle	なわ編み針	
			cable pattern	交差模様	
		CO	cast on	作り目	
			center back	後ろ中心	
	かぎ	ch	chain	鎖編み	○
			chest／bust	胸囲	
	棒	circ (s)	circular needles (s)／circular (s)	輪針	
			circumference	周囲	
			clockwise	時計回りに	
			collar	衿	
		cont	continue	続き、続ける	
		CC	contrasting color	配色	
			counter clockwise	反時計回りに	
	棒		crochet chain cast on	鎖編みの作り目（別鎖、共鎖）（詳細は28ページ参照）	
			cuff (s)	（靴下の）はき口、袖口	
d		dec	decrease	減目	
			depth	深さ	
			desired	希望の〜、お好みの〜（長さなど）	
			divide	分ける 例：divide for body and sleeves＝身頃と袖の目を分ける	
	かぎ	dc	double crochet	長編み（米）、細編み（英）	┬（米）＋（英）
	かぎ	dc2tog	double crochet 2 stitches together	長編みの2目一度（米）／細編みの2目一度（英）	⋀（米）⋀（英）
	かぎ	dc3tog	double crochet 3 stitches together	長編みの3目一度（米）／細編みの3目一度（英）	⋔（米）⋀（英）
	棒	dpn (s)	double pointed needle (s)	両先がとがった針（4本針や5本針）	
	棒	DS	double stitch	German Short Rowの引き返し編みをする際にできる編み目のこと	
	かぎ	dtr	double treble crochet	三つ巻き長編み（米）／長々編み（英）	‡（米）†（英）
			doubled	（糸を）2本どりにして、（編み地などを）2重にして	
	かぎ		draw through	引き抜く（動作）	
			drawstring	絞る紐	
e			edging	縁編み	
			elastic	伸縮性のある	
			elastic belt	ゴムベルト	
			elongate	長く引き伸ばす	
	棒		elongated stitch	「ドライブ編みのように余分に糸を巻きつけて作る」長い編み目	
		EOR	end of round／EOR	（輪編みの場合の）段の終わり	
			even	増減なしに、まっすぐに、均一に 例：Work XX rows even＝XX段真っすぐに編む	
			even (number)	偶数　（例：even numbered rows＝偶数段）	

※31ページのKnitted Cast Onの06で目を引き出す位置を目と目の間に変える。他は同じ。

	棒／かぎ	略語	略す前の単語／手順	日本語	編み目記号
e			evenly	均等に	
			every	毎 （例：every row = 毎段 ／ every 4 rows = 4 段ごと）	
			every other	1つおき、交互に 例：every other row = 1段ごとに	
f			facing	見返し、〜に面して 例：with RS facing = 表面から	
			fasten	（糸を）とめる	
			finished measurement	仕上がり寸法	
		foll	follows, following	次のように、以下の通りに	
			forming	形を作る、形成する	
	かぎ	fdc	foundation double crochet	土台の長編み、作り目をしながら長編みを編む方法	
	かぎ	fsc	foundation single crochet	土台の細編み、作り目をしながら細編みを編む方法	
			front band	前立て	
			front body	前身頃	
			front edge	前端	
	かぎ	flo	front loop only	前段の目の手前半目に針先を入れて編む	
	かぎ	fpdc	front post double crochet	長編みの表引き上げ編み目（米） 細編みの表引き上げ編み目（英）	∫ (米) ∫ (英)
	かぎ	fpsc	front post single crochet	細編みの表引き上げ編み目	∫ (米)
	かぎ	fptr	front post treble crochet	長々編みの表引き上げ編み目（米） 長編みの表引き上げ編み目（英）	∫ (米) ∫ (英)
			front side	前側	
g	棒	g-st	garter stitch	ガーター編み	
			gauge	ゲージ （=tension）	
			graft	（目と目を）編み地に合わせてはぎ合わせる	
			gusset	まち	
h	かぎ	hdc	half double crochet	中長編み（米）	T
	かぎ	htr	half treble crochet	中長編み（英）	T
			head circumference	頭回り	
			heel flap	かかと	
			heel turn	ヒールターン、かかと底	
			hem	裾	
			hip circumference	腰囲	
			hold stitches	目を休ませる	
			hook	ホック	
i			i-cord	アイコード、丸コード	
			in pattern	模様編みで	
			inch	インチ （1インチ＝2.54cm）	
		inc	increase	増し目	
			insert	（針先を）入れる	
			inside out	中表 （= with WS facing）	
			instep	足の甲	
	棒		Italian cast on	1目ゴム編みの作り目（＝tubular cast on）	

	棒／かぎ	略語	略す前の単語／手順	日本語	編み目記号
j			join	つなぐ（段の始めと最後、糸継ぎの場合など）	
k	棒		kitchener stitch	メリヤスはぎ	
	棒	k	knit	表目、表目を編む	l
	棒	k1 tbl	knit 1 stitch through the back loop	表目のねじり目を編む	ℓ
	棒	k2tog	knit 2 stitches together	2目を一度に表目で編む	人
	棒	k2tog tbl	knit 2 stitches together through the back loop	表目のねじり目を編むように2目を一度に編む	⅋
	棒	k3tog	knit 3 stitches together	3目を一度に表目で編む	木
	棒	kfb, k1fb, k1f&b,kf&b	knit into front and back of the same stitch	1目を2目に増やす増し目の手法。表目を1目編み、左から目を外さず、同じ目にねじり目を編む	ℓl
	棒		knitted cast on	編みながら作る作り目（詳細は27ページを参照）	
	棒	kwise	knitwise	（針の入れ方の場合）表目を編むように、（伏せ目の場合）表目を編んで	
l			last	最後の、直近の	
			left front	左前	
		LH	left hand	左手、左側	
	棒	LLI	left lifted increase	左増し目	ｌ
			leg	脚	
			length	長さ、丈	
			length from/to armhole	脇丈	
			length along side seam	脇丈	
			length from underarm	脇丈	
			length from waist to hip	ヒップ下がり	
			lining	裏地、内布	
			live stitches	目の状態（とめていない目）	
	棒		long tail cast on	指でかける作り目	
	かぎ	lp (s)	loop (s)	ループ（かぎ針にかかっている目、引き出してきた目、半目など）	
m		MC	main color	地色	
	棒	M1L	make 1 left slanting increase	左ねじり増し目	ℓ
	棒	M1R	make 1 right slanting increase	右ねじり増し目	ℓ
	棒	M1, m1	make 1 stitch	1目増やす（一般的にはねじり増し目）	ℓ
		m	marker	マーカー	
			mattress stitch	すくいとじ	
			modified	変わり～、～の変形	
	棒		moss stich	2目のかのこ編み	
			multiple	倍数　（例：multiple of ＸＸ＝ ＸＸの倍数）	
n			neck	衿ぐり	
			neck width	首回り、後ろネック幅	
			notions	用具	
o			odd (number)	奇数　（例：odd numbered rows＝奇数段）	
			opposite	反対側の、逆の	

	棒/かぎ	略語	略す前の単語／手順	日本語	編み目記号
p			palm	手のひら	
	棒	psso	pass slipped stitch over	（右針に）移しておいた目をかぶせる	
			past	〜の後、〜を過ぎて	
		patt	pattern	パターン、模様（例：in patt = 模様編みで、模様の通りに）	
			pattern stitch	模様編み	
		PU (and k)	pick up (and knit)	（目を）拾う	
		pm	place marker	マーカーを入れる	
		prev	previous	前の　（例：prev row = 前段）	
	棒		provisional cast on	あとからほどける作り目	
	棒		provisional chain cast on	別鎖の作り目	
	かぎ		puff	玉編み	
	棒	p	purl	裏目、裏目を編む	－
	棒	p1 tbl	purl 1 stitch through back loop	裏目のねじり目を編む	♀
	棒	p2tog	purl 2 stitches together	2目を一度に裏目で編む	人
	棒	pfb	purl into front and back of same stitch	1目を2目に増やす手法。裏目を1目編み、左針から目を外さず、同じ目に裏目のねじり目を編む	♀－
	棒	pwise	purlwise	（針の入れ方の場合）裏目を編むように、（伏せ目の場合）裏目を編んで	
r			re-gauging	ゲージ調整	
		rem	remain（s）, remaining	残る、残り	
			removable stitch marker（s）	取り外し可能なマーカー（段数マーカー）	
			remove	外す	
		rep	repeat（s）, repeating	くり返す、くり返し	
	かぎ	rev sc	reverse single crochet	バック細編み（米）	⸺
			right front	右前	
		RH	right hand	右手、右側	
	棒	RLI	right lifted increase	右増し目	⊦
		rm	remove marker	マーカーをはずす	
		RS	right side	（編み地の）表面	
		rnd	round	輪編みの際の段	
			row	段	
s			scrap yarn	別糸（＝waste yarn）	
	棒		seed stitch	かのこ編み　※1目1段のかのこ	
			selvedge	端目	
			separately	別々に	
			short row	引き返し編み	
			shoulder width	背肩幅	
			shoulder shaping (slope)	肩下がり	
			side seam	脇	
	かぎ	sc	single crochet	細編み（米）	＋
	かぎ	sc2tog	single crochet 2 stitches together	細編みの2目一度（米）	仌

	棒／かぎ	略語	略す前の単語／手順	日本語	編み目記号
S	かぎ	sc3tog	single crochet 3 stitches together	細編みの3目一度（米）	太
			skein	毛糸の単位（玉やカセ）	
	かぎ	sk	skip	（目を）飛ばす	
			sleeve	袖	
			sleeve cap	袖山	
			sleeve length	袖丈（脇から）	
			sleeve length from center back neck	ゆき丈	
	棒		slide	すべらす（編み針上の編み目を移動させることを指す）	
	棒	sl	slip	（目を）すべらす、編まずに移す	
	棒	sl1k	slip 1 stitch knitwise	目に右針を表目を編むように入れて移す	
	棒	sk2po	slip 1 stitch knitwise, knit the next 2 stitches together, pass slipped stitch over the knit stitch	1目表目を編むように針を入れて右針に移し、次の2目を一度に編み、右針に移した目を編んだ目にかぶせる（右上3目一度）	入
	棒	sl1p	slip 1 stitch purlwise	目に右針を裏目を編むように入れて移す（すべり目）	V
	棒	s2kpo	slip 2 stiches knitwise to RH needle together, knit next stitch and pass slipped stitches over the knit stitch	2目を同時に表目を編むように針を入れて右針に移し、次の目を表目に編み、右針に移した2目を編んだ目にかぶせる（中上3目一度）	木
	棒	slm ／ sm	slip marker	マーカーを（左針から右針に）移す	
	かぎ		slip stitch seam	引き抜きとじ	
	かぎ	sl st	slip stitch	引き抜き目、引き抜き	
	かぎ		slip stitch bind off	引き抜き止め	
	棒	ssk	slip, slip, knit（slip 2 stitches knitwise one at a time, knit the 2 slipped stitches through the back loop）	2目を1目ずつ表目を編むように針を入れて右針に移して向きを変えた状態でねじり目を編むように2目を一度に編む（右上2目一度）	入
	棒	ssp	slip, slip, purl（slip 2 stitches knitwise one at a time, purl the 2 slipped stitches through the back loop）	2目を1目ずつ表目を編むように針を入れて右針に移して向きを変えた状態で裏目のねじり目を編むように2目を一度に編む（裏目の右上2目一度）	入
	棒	sssk	slip, slip, slip, knit（slip 3 stitches knitwise one at a time, knit the 3 slipped stitches through the back loop）	3目を1目ずつ表目を編むように針を入れて右針に移して向きを変えた状態でねじり目を編むように3目を一度に編む（右上3目一度）	入
			snaps	スナップホック	
			sole	足の裏	
	かぎ	sp	space	スペース　例：insert hook into ch-3 sp ＝ 鎖3目の空間に針先を束に入れる	
			steam block	スチームをかけて、編み地を整える	
			stitch holder	ほつれ止め	
			stitch marker (s)	マーカー（目数リング）	
		st (s)	stitch (es)	編み目	
	棒		stitches on hold	休み目	

	棒／かぎ	略語	略す前の単語／手順	日本語	編み目記号
s	棒	st st	stocking stitch／stockinette stitch	メリヤス編み	
	棒		straight needles	棒針	
			switch	持ち替える、切り替える	
			symmetrical	左右対称	
t			tail	糸端	
			tapestry needle	とじ針	
			tension	ゲージ（＝gauge）	
	棒	tbl	through the back loop	ループの向こう側に針先を入れて（＝目をねじって編む）（ねじり目）	ℓ
			throughout	全体を通して	
			thumb	親指	
			toe	つま先	
		tog	together	一緒に	
			top-down	上から下（編み方向）	
	かぎ	tr	treble crochet	長々編み（米）、長編み（英）	Ŧ（米）Ŧ（英）
	かぎ	tr tr	triple treble crochet	三つ巻き長編み（英）	Ŧ
			turn	編み地を返す	
	棒		tubular cast on	1目ゴム編みの作り目（＝Italian Cast on）	
	かぎ		turning chain	立ち上がりの鎖目	
u			underarm	脇下	
			unravel	ほどく	
			upper arm width	腕回り	
w			waist circumference	胴囲	
			waste yarn	別糸　（＝scrap yarn）	
			weave in ends	糸始末をする	
			wet block	水通しをして仕上げる	
			whip stitch	巻きかがり	
			width	幅	
		wyib	with yarn in back	糸を向こう側において	
		wyif	with yarn in front	糸を手前において	
			wrap	巻く	
	棒	W&T	wrap & turn	「ラップ・アンド・ターン」式の引き返し編み	
	棒		wrapped stitch	（w＆tの引き返し編みの場合の）ラップのついた目	
			wrist width	手首回り	
		WS	wrong side	（編み地の）裏面	
y			yard	ヤード　（1ヤード＝0.914m）	
			yarn needle	とじ針	
	棒	yo	yarn over	かけ目	○
	棒	yob	yarn over backwards	逆かけ目	○
	かぎ	yo／yoh	yarn over／yarn over hook	針先に糸をかける	
z			zipper	ファスナー	

Profile

西村知子　にしむらともこ

ニットデザイナー、翻訳家。幼少期に編み物と英語に出合う。その後、編み物の知識と英語を生かした通訳・翻訳・執筆など、編み物関連の仕事をライフワークに。英文パターンを用いたワークショップ、デザインの提供、ニット関連書籍の翻訳など幅広く活躍中。(公財) 日本手芸普及協会手編み師範、ヴォーグ学園「英語で編もう」講師

インスタグラム：tette.knits

Staff

撮影	三好宣弘	製作協力	八木裕子
	本間伸彦（プロセス）		遠山美沙子
スタイリング	串尾広枝		ande Nobu
ヘアメイク	高野智子		浜島恵美子
ブックデザイン	橘川幹子	トレース	高橋玲子
モデル	天野はな	編集協力	鈴木裕子
イラスト	小池百合穂		澤田みき
	Mico		大前かおり
			鈴木博子
			鷲﨑美和
		作り方	曽我圭子
		編集	難波まり

素材提供

・イサガージャパン株式会社（ISAGER）
Tel.0466-47-9535
http://www.isagerstrik.dk
・Chappy Yarn
https://www.chappyyarn.com
インスタグラム：chappyyarn
・Keito オンラインショップ
(Hedgehog Fibres、カムバック、カラモフ)
https://www.keito-shop.com
・Silk HASEGAWA
Tel.0120-51-4318
https://www.silkhasegawa-international.com/
・横田株式会社（DARUMA）
Tel.06-6251-2183
http://www.daruma-ito.co.jp
・株式会社ダイドーフォワード パピー
Tel.03-3257-7135
https://www.puppyarn.com

撮影協力

・ANTIPAST／クープ・ドゥ・シャンピニオン
Tel.03-6415-5067
(P10,11 ブラウス、P5,12,13 パンツ、P14,15 Tシャツ、P19 スカート)
・SARAHWEAR
Tel.03-5731-2741
(P8,9 ワンピース、P14,15 サロペットパンツ、P16,17 ベスト、P19 ブラウス、P20,21 ワンピース)

あなたに感謝しております。
We are grateful.

手づくりの大好きなあなたが、この本をお選びくださいましてありがとうございます。内容はいかがでしたでしょうか？本書が少しでもお役に立てば、こんなにうれしいことはありません。
日本ヴォーグ社では、手づくりを愛する方とのおつき合いを大切にし、ご要望におこたえする商品、サービスの実現を常に目標としています。
小社及び出版物について、何かお気付きの点やご意見がございましたら、何なりとお申し出ください。
そういうあなたに、私共は常に感謝しております。

株式会社日本ヴォーグ社社長　瀬戸信昭
FAX 03-3383-0602

Let's Knit in English!
文章パターンで編むショール＋ネックウエア

発行日　2024 年 12 月 25 日　第 1 刷
　　　　2025 年 2 月 20 日　第 2 刷
著　者　西村知子
発行人　瀬戸信昭
編集人　舟生健一
発行所　株式会社 日本ヴォーグ社
　　　　〒164-8705
　　　　東京都中野区弥生町 5-6-11
TEL 03-3383-0637（編集）
出版受注センター　TEL 03-3383-0650　FAX 03-3383-0680
印刷所　株式会社東京印書館
Printed in Japan ©Tomoko Nishimura 2024
ISBN978-4-529-06428-6

JCOPY <（社）出版者著作権管理機構 委託出版物>
本書(誌)の無断複製は、著作権法上での例外を除き禁じられています。
複製される場合は、そのつど事前に、（社）出版者著作権管理機構（電話 03-5244-5088、FAX03-5244-5089、e-mail:info@jcopy.or.jp）の許諾を得てください。

●印刷物のため、実際の色とは色調が異なる場合があります。
●万一、落丁本、乱丁本がありましたら、お取り替えいたします。
小社出版受注センターまでご連絡ください。

手づくりに関する情報を発信中
日本ヴォーグ社 公式サイト

ショッピングを楽しむ
手づくりタウン

ハンドメイドのオンラインレッスン
 CRAFTING

初回送料無料のお得なクーポンが使えます！詳しくはWebへ

日本ヴォーグ社の通信講座